C·H·Beck
PAPERBACK

Die Antifa-Bewegung hat eine lange Geschichte, die bis zum Engagement italienischer Aktivist:innen gegen Diktator Benito Mussolini in den 1920er Jahren zurückreicht. In Deutschland waren es vor allem Kommunist:innen, die zu einer breiten Einheitsfront gegen den erstarkenden Nationalsozialismus aufriefen, ohne die Machtergreifung letztlich verhindern zu können. Nach 1945 gründeten sich zunächst einige Parteien und Opferverbände, die sich die Losung «Nie wieder Faschismus» auf die Fahne schrieben. Ende der 1970er Jahre entstanden schließlich die ersten «autonomen Antifa-Gruppen», die ein breites Spektrum an Aktionsformen von Bildungsarbeit über Sachbeschädigungen bis hin zu Gewaltattacken auf den politischen Gegner aufwiesen. Aufgrund ihrer Gewaltaffinität dominieren diese Gruppen bis heute das öffentliche Bild einer im Grunde breiten Sammelbewegung aus verschiedenen linken Strömungen, Initiativen, NGOs, Parteien, Gewerkschaften sowie Aktionsstrukturen und Politikansätzen gegen Rechtsextremismus und Neonazismus. Richard Rohrmoser zeichnet in seinem Buch erstmals die historische Entwicklung der vielschichtigen antifaschistischen Bewegung seit ihren Anfängen nach und skizziert das Spannungsfeld zwischen zivilgesellschaftlichem Engagement und radikaler Gewaltbereitschaft, in dem sie sich heute befindet.

Richard Rohrmoser ist promovierter Zeithistoriker. Er beschäftigt sich mit Protestgeschichte, sozialen Bewegungen sowie historischer Friedens- und Konfliktforschung.

RICHARD ROHRMOSER

ANTIFA

Porträt einer linksradikalen Bewegung

Von den 1920er Jahren bis heute

C.H.BECK

Originalausgabe

www.chbeck.de
Umschlaggestaltung: Kunst oder Reklame, München
Satz: C.H.Beck.Media.Solutions, Nördlingen
Druck und Bindung: Druckerei C.H.Beck, Nördlingen
Printed in Germany
ISBN 978 3406 76097 6

myclimate

klimaneutral produziert
www.chbeck.de/nachhaltig

Inhalt

Einleitung

Im Dezember 2017 stand Jan ‹Monchi› Gorkow, Sänger der Politpunkband ‹Feine Sahne Fischfilet›, in Güstrow (Mecklenburg-Vorpommern) vor Gericht, weil er dort bei einer Demonstration im Mai 2015 an Gewaltausschreitungen gegen eine Gruppe von Neonazis beteiligt gewesen sein soll.[1] Im Prozess gab ein als Zeuge bestellter Polizist zu Protokoll, dass linke Aktivist*innen damals lauthals einen Schlachtruf skandiert hätten. Auf Nachfrage des Richters, wie der Spruch gelautet habe, erklärte der Staatsbedienstete: «Ich kann kein Spanisch: ‹Barista, Barista Antifascista› oder so.»[2] Vor allem in der virtuellen Welt sorgte das Missverständnis des Polizisten für reichlich Erheiterung – schließlich lautet der Slogan eigentlich «Alerta, Alerta Antifascista» und geht auf das Engagement italienischer Antifaschist*innen gegen Diktator Benito Mussolini in den 1920er Jahren zurück. Viele Twitter-Nutzer*innen verbreiteten den Witz und die *taz*-Redaktion schlug ihren Leser*innen einige weitere Abwandlungen linker Parolen vor, wie zum Beispiel: «Kein Gott, kein Staat, kein Kaffeeautomat!», «Ohne Kaffeedampf kein Klassenkampf!» und «Hoch die internationale (Kaffee-)Spezialität!».[3] Rasch avancierte «Barista, Barista Antifascista» zu einem vielzitierten Bonmot in der linksalternativen Szene und es folgten verschiedene Buttons und T-Shirts mit entsprechenden Motiven.

Bereits dieses Beispiel veranschaulicht, dass die antifaschistische Linke längst ihre vor allem durch Punkrock beeinflusste subkulturelle Nische verlassen und mit Stilmitteln der Postmoderne wie Ironie, Intertextualität und Stilpluralismus eine eigenständige Jugend- und Popkultur begründet hat. Signifikante Veränderungen fanden in den letzten Jahren allerdings nicht nur im Bereich der antifaschistischen Codes und Symbole statt, sondern ebenso in Bezug auf Kleidungsstil, Konzerte und Veranstaltungskultur: Schwarze Windbreaker-Jacken haben zunehmend die traditionellen button- und nietendekorierten Lederjacken abgelöst, Electro und Hip-Hop (insbesondere das innerhalb der Szene als ‹Zeckenrap› bezeichnete Subgenre) konnten sich im linksalternativen Spektrum ebenso etablieren wie der klassische ‹Drei-Akkorde-Punkrock›. Ein kleiner linksorientierter Verlag veröffentlichte obendrein ein ansprechend designtes Nachschlagewerk für Antifaschist*innen und Antirassist*innen, das ihnen die Grundlagen für den ordentlichen Ablauf ihrer Sitzungen und Treffen (Tagesordnung, Redeleitung, Moderation, Protokoll, Entscheidungsfindung etc.) erläutert.[4]

Doch letztendlich stellen diese Entwicklungen nur dezente Veränderungen in einer insgesamt langen und traditionsreichen Geschichte der Antifa dar: Schließlich reicht die Historie der ‹Antifaschistischen Aktion› bis in die 1920er beziehungsweise 1930er Jahre des 20. Jahrhunderts zurück, als die Kommunistische Partei Deutschlands (KPD) angesichts des erstarkenden Nationalsozialismus zu einer breiten und elastischen Einheitsfront aus Kommunist*innen, Sozialdemokrat*innen, Anarchist*innen und Gewerkschafter*innen aufrief. Die Erkenntnis, dass dieser Widerstandskampf nur kollektiv erfolgreich sein könne, setzte sich jedoch zu spät durch, sodass die innerlinken politischen Feindschaften und Gegensätze die antifaschistische Bewegung entscheidend lähmten und sie die Machtübernahme der Nationalsozialist*innen ab 1933 nicht mehr verhindern konnte. Wie kein anderes historisches Ereignis prägt die

NS-Diktatur – mithin die absolute Entgrenzung der Gewalt im Zweiten Weltkrieg und der Zivilisationsbruch des Holocaust – die kritische Auseinandersetzung der antifaschistischen Linken bis heute. «Die totale Niederlage gegen die Nazis», das System der nationalsozialistischen Konzentrations- und Vernichtungslager, «die Empathie mit den Opfern», aber ebenfalls das Fortleben antisemitischer, faschistischer und rassistischer Denkmuster sowie eines ‹deutschen Opfermythos nach 1945 prägen die Gesellschaftsanalyse und Motivation der antifaschistischen Linken bis heute».[5]

Nach 1945 entstanden in der Bundesrepublik Deutschland zunächst einige antifaschistische Organisationen und Parteien wie die Vereinigung der Verfolgten des Naziregimes (VVN), die Deutsche Kommunistische Partei (DKP) oder der Kommunistische Bund (KB). Da diese jedoch aus der Sicht linksradikaler Strömungen nicht ausreichend Akzente gegen faschistische Tendenzen in der Gesellschaft setzen konnten, bildeten sich zu Beginn der 1980er Jahre zudem erste ‹autonome Antifa-Gruppen›. Diese vertrauten prinzipiell nicht auf staatliche Schritte zur Bekämpfung von Rassismus und Rechtsextremismus, sondern sprachen sich explizit für antifaschistische Eigeninitiativen aus. Die autonome Antifa-Bewegung weist seitdem ein breites Spektrum an Aktionsformen auf, das von antifaschistischer Aufklärungs- und Bildungsarbeit über Sabotageaktionen und Sachbeschädigungen bis hin zu Gewaltattacken auf politische Gegner*innen reicht. Da sie sich den ‹Kampf auf der Straße› durchaus auf die Fahnen schreibt, zählen Gewaltbereitschaft und Militanz zu ihren zentralen Charakteristika.

Seit ihrer Entstehung sieht sich die autonome Antifa-Bewegung folglich mit staatlichen Einschränkungen und Repressionen wie Hausdurchsuchungen, Kontrollen und Überwachungen konfrontiert. In der Bundesrepublik stuft das Bundesamt für Verfassungsschutz (BfV) die autonomen antifaschistischen Strömungen als «linksextrem» ein. Der in den Verfassungsschutzberichten verwendete Oberbegriff ‹Extremismus› suggeriert eine Nähe von ‹Linksextremismus› und Antifa-Aktivitäten zum ‹Rechtsextremismus›, was sowohl in der Wissenschaft als auch in der Zivilgesellschaft zum Teil auf enorme Kritik stößt. Die Einordnung des Verfassungsschutzes beruht auf dem sogenannten ‹Postulat der Äquidistanz›, wonach die Bundesoberbehörde alle Formen von Extremismus gleichermaßen ablehne. Kritiker*innen dieses Ansatzes verweisen jedoch darauf, dass eklatante Unterschiede zwischen ‹Links-› und ‹Rechtsextremismus› existieren, etwa darin, dass radikale Linke «im Namen der Forderung nach einer von sozialer Gleichheit geprägten Gesellschaftsordnung die Normen und Regeln eines modernen demokratischen Verfassungsstaates ablehnen»[6] und dessen Gewaltmonopol nicht anerkennen, während Rechtsextremist*innen antiegalitäre Ideologien wie Antisemitismus, Nationalismus und Rassismus befürworten und forcieren.[7]

Unabhängig von der Kontroverse über die Sinnhaftigkeit des ‹Postulats der Äquidistanz› steht jedoch fest: Die Antifa-Bewegung polarisiert. Für Kritiker*innen stellt sie aufgrund ihrer konfrontativen Praxis und der Infragestellung des staatlichen Gewaltmonopols eine Gefährdung für die Demokratie von links dar. Aktivist*innen und Sympathisant*innen glauben dagegen, dass Antifa-Gruppen einen notwendigen zivilgesellschaftlichen Beitrag gegen Rassismus und Rechtsextremismus leisten. Zuletzt ist die Diskussion über die Legalität beziehungsweise Legitimität der Antifa-Bewegung sogar in der internationalen Öffentlichkeit wieder verstärkt entfacht. So erregte etwa der damalige US-Präsident Donald Trump im Sommer 2019 die Gemüter, als er sich in einem kryptischen Tweet dafür aussprach, Antifa-Gruppen als Terrororganisationen einstufen zu lassen (und andere Republikaner wie der ehemalige New Yorker Bürgermeister Rudy Giuliani wollten ‹die Antifa› für die Stürmung des Kapitols im Januar 2021 verantwortlich machen).

In der Bundesrepublik löste Trumps Tweet eine deutliche Abwehrreaktion aus: Unter dem Hashtag #IchbinAntifa boten neben vielen Privatpersonen auch einige Politiker*innen dem US-Präsidenten Paroli: Der Grünen-Bundestagsabgeordnete Sven Lehman twitterte beispielsweise: «#IchbinAntifa, weil die Antifa oft hingeschaut hat, als Menschen abgewertet oder angegriffen wurden, wo andere weggeschaut haben». Und der Co-Vorsitzende der Partei Die Linke, Bernd Riexinger, schloss sich dem folgendermaßen an: «#IchbinAntifa immer und überall. Die deutsche Geschichte verpflichtet uns dazu aufzustehen gegen Rassismus und Faschismus. Auf der Straße und im Parlament. #NieWieder.» Vor allem aus dem Umfeld der Alternative für Deutschland (AfD) gab es auf Twitter jedoch ebenso Beiträge, die den Vorstoß des US-Präsidenten begrüßten, etwa vom AfD-Bundestagsabgeordneten Jürgen Braun: «Wenn die #Antifa endlich auch hierzulande als terroristische Vereinigung eingestuft wird, dann bietet der heute populäre Hashtag #IchbinAntifa einen sehr reichhaltigen Fundus für Ermittlungsansätze im Anti-#Terror-Kampf. @realDonaldTrump macht's möglich, besten Dank! #AfD.»[8]

Wenige Wochen später reichte die AfD-Fraktion im Deutschen Bundestag einen Antrag mit dem Titel «Antiextremistischer Grundkonsens in Politik und Gesellschaft – Rechtsstaat und Demokratie schützen – ‹Antifa› ächten» ein. Ganz im Stile des ‹Postulats der Äquidistanz› fordert die rechtspopulistische, in Teilen rechtsextreme Partei darin: Der «gesellschaftlichen Polarisierung [könne] nur effektiv begegnet werden [...], indem man sich gemeinsam und in glaubhafter Form gegen alle extremistischen Strömungen rechter, linker oder islamistischer Art einsetzt».[9] Letztlich lehnte der Deutsche Bundestag im Juni 2020 den Antrag der AfD-Fraktion mit 554 zu 85 Stimmen ab; der Denkansatz des ‹Postulats der Äquidistanz› wurde seitdem in der Öffentlichkeit kontrovers diskutiert und aufgrund seiner Eindimensionalität zunehmend kritisiert. Einzelnen Politiker*innen der Grünen und der Linken, die sich im Deutschen Bundestag beispielsweise durch das Tragen eines Buttons mit der Antifa solidarisierten, erteilte Bundestagsvizepräsident Wolfgang Kubicki (FDP) unter Androhung eines Ordnungsgeldes in Höhe von 1000 Euro sowie eines Sitzungsausschlusses eine Rüge.[10] Anschließend tauchten erneut viele Hashtags wie #DankeAntifa oder #ichbinantifa bei Twitter auf, dagegen forderten einige Politiker*innen ein Verbot von Antifa-Gruppen.

Im Fokus der Öffentlichkeit stand die autonome Antifa-Bewegung zuletzt jedoch vor allem aufgrund ihrer zunehmenden Gewaltbereitschaft: Im Oktober 2019 steckten einige radikale Linke aus Protest gegen Gentrifizierung in Leipzig drei Baukräne in Brand, worauf ein ganzer Wohnblock evakuiert werden musste; im Dezember 2019 verübte eine Antifa-Gruppe einen Anschlag mit Farbbeuteln und Steinen auf das fahrende Auto des Hamburger Innensenators, während dessen zweijähriger Sohn auf der Rückbank saß; und im Leipziger Stadtteil Connewitz kam es in der Silvesternacht 2019 wie zuvor schon häufiger zu Gewaltausschreitungen zwischen der Polizei und antifaschistischen Gruppen, worauf eine politische Diskussion entbrannte, in der Linke die Polizei für die Eskalation der Situation verantwortlich machten, während Konservative davor warnten, die linksradikalen Attacken zu verharmlosen.

Diese Beispiele veranschaulichen, dass der Begriff ‹Antifa› und der Diskurs über antifaschistische Gruppierungen Konjunktur hat. In Anbetracht des Facettenreichtums der Bewegung ist es jedoch nicht leicht, ‹die Antifa› als solche zu definieren. Stets kommt es auf den jeweiligen lokalen Kontext («also [die] Größe der Stadt, [die] Stärke der rechten Szene etc.»), auf die theoretischen wie symbolischen Deutungskämpfe um den Begriff ‹Antifaschismus› sowie auf die Betrachtungsperspektive an, was ‹Antifa› im Konkreten bedeutet.[11] Im Wesentlichen lässt sich allerdings konstatieren, dass ‹Antifa› aktuell ein (abstrakter) Sammel- und Kampfbegriff für viele verschiedene linke Strömungen, Initiativen, NGOs, Parteien, Gewerkschaften sowie Aktionsstrukturen und Politikansätze ist, die Faschismus – also eine auf dem Führerprinzip basierende, antidemokratische, nationalistische, rassistische und rechtsextreme Ideologie und Bewegung – konsequent ablehnen. Insofern richtet sich die Antifa-Bewegung vor allem gegen autoritäre und repressive Herrschaftsformen sowie gegen soziale Ausgrenzung. Im Umkehrschluss setzen sich die antifaschistischen Aktivist*innen ihrem Selbstbild zufolge bei konstant kritischer Einstellung gegenüber Politik und Gesellschaft im Sinne eines Minimalkonsenses für humanistische Grundwerte wie Freiheit, Gleichheit, Gleichwertigkeit und Gerechtigkeit sowie für demokratische und soziale Rechte für alle Menschen ein.[12]

Diese Charakteristika bilden im Grunde den kleinsten gemeinsamen Nenner im Selbstverständnis eines breiten und diversen Antifa-Spektrums. Bemerkenswert ist dabei, dass dieses in erster Linie durch «ein System von einschlägigen Symbolen und Ereignissen» zusammengehalten wird und antifaschistische Aktivist*innen vor allem durch die permanenten Auseinandersetzungen mit Rechten und Rechtsextremist*innen versuchen, eine inhaltliche Klammer zu erzeugen, die wiederum anschlussfähig für größere Gesellschaftsgruppen sein soll.[13] Aus dieser steten Konfliktbereitschaft leitet sich allerdings der wichtigste Kritikpunkt an der Bewegung ab, denn insbesondere für die autonomen Antifa-Gruppen stellt die Bereitschaft zur Militanz ein konstitutives Merkmal dar. Zwar gibt es in der Szene einen weitgehenden Konsens darüber, körperliche Gewalt lediglich als letztes abschreckendes Mittel zur Selbstverteidigung anzuwenden und keine lebensbedrohlichen Attacken auf Leib und Leben von Rechtsextremist*innen oder Repräsentant*innen von Staat und Wirtschaft zu verüben, jedoch haben die Gewalteskalationen zur Folge, dass die Bewegung mit dem Label ‹Linksextremismus› etikettiert wird. Dazu tragen ferner die antistaatlichen und antikapitalistischen Grundeinstellungen sowie die Utopie eines Systemwechsels als weitere zentrale Charakteristika des antifaschistischen Spektrums bei.

All diese Aspekte deuten bereits an, in welchem extremen Spannungsfeld sich die in den 1920er Jahren in Italien entstandene antifaschistische Bewegung aktuell befindet: Für Sympathisant*innen stellt die Antifaschistische Aktion aufgrund ihres zivilgesellschaftlichen Engagements gegen Rassismus und Rechtsextremismus eine Art ‹soziale Bewegung› dar, die Impulse auf Intensität, Richtung und Tempo eines sozialen Wandels setzt. Frei nach dem Zitat des Philosophen Georg Santayana «Wer sich seiner Vergangenheit nicht erinnert, ist dazu verdammt, sie zu wiederholen»[14] strebt sie eine Gesellschaft an, die Antisemitismus, Geschichtsrevisionismus, Nationalismus, Neonazismus, Rassismus, Sexismus etc. resolut bekämpft, weil in der Szene die Parole gilt: ‹Wer nichts anderes ist als ein Antifaschist, ist kein Antifaschist.› Die Expertise der Antifaschistischen Aktion ist bezüglich dieses Engagements zweifelsfrei von enormer Bedeutung: Vor allem für ihre antifaschistische Aufklärungs-, Bildungs- und Gedenkstättenarbeit erhalten Antifa-Gruppen viel Zuspruch; durch ihre akribischen Chronologien und Dokumentationen sind sie über rechte Aktivitäten und Strukturen oftmals schneller im Bilde als die staatlichen Institutionen und besser informiert als die Medien; und durch ihre sorgfältige Recherche- und Enttarnungsarbeit haben sie als ‹Frühwarnsystem›[15] in der Geschichte bereits viele rassistische und rechtsextreme Straftaten vereiteln können, was sogar der Bayerische Verfassungsschutz in seinem Bericht aus dem Jahr 2016 honorierte.

Insofern erfüllt das Engagement der Antifa-Bewegung offensichtlich einige Kriterien, die aus sozialwissenschaftlicher Perspektive den Begriff ‹Zivilgesellschaft›[16] definieren: Erstens sind Selbstorganisation und Selbständigkeit charakteristisch für (autonome) Antifa-Gruppen; zweitens tragen sie ihre Debatten, Diskussionen und Konflikte im öffentlichen Raum aus, wodurch sie die Anerkennung von gesellschaftlicher Heterogenität anstreben; drittens orientiert sich die antifaschistische Bewegung am Gemeinwohl und den Gesamtinteressen der Gesellschaft. Während das Konzept der ‹Zivilgesellschaft› allerdings von der nichtgewaltsamen und nicht-militärischen Austragung von Konflikten ausgeht, kennen insbesondere autonome Antifa-Gruppen nicht nur friedliche Formen des Protests. Da sie teilweise vor Gewalt gegen Sachen und Personen nicht zurückschrecken, wird die Einordnung der Antifa-Bewegung in dieses Konzept äußerst kontrovers diskutiert.

Weil zivilgesellschaftliches Engagement sowohl auf persönlicher Betroffenheit als auch auf politischer Solidarität beruht, bedarf es sowohl individuellen Mutes als auch kollektiven Unmutes der Akteur*innen.[17] Dass die (autonome) Antifa-Bewegung dabei oftmals die Grenzen friedlicher Konfliktaustragung überschreitet und für sich punktuell ein Recht auf ‹Gewalt als politisches Lösungsmittel› reklamiert – sich also zur ‹Selbstjustiz› ermächtigt –, stößt auf enorme öffentliche Kritik. Dabei werden jedoch vielfach die Ambivalenzen der Antifa-Bewegung ausgeblendet und antifaschistische Aktivist*innen undifferenziert als ‹Systemoppositionelle› und ‹schwarzgekleidete Terrorist*innen› pauschalisiert.

Ein Paradebeispiel für diesen Bewertungsreflex lieferte abermals Donald Trump im Frühjahr 2020, als er in Folge der Protestwelle der ‹Black Lives Matter›-Bewegung ankündigte, Antifa-Gruppen als linksterroristische Vereinigungen einstufen und deshalb in den USA verbieten lassen zu wollen. In der Bundesrepublik löste das absurde Ansinnen des damaligen US-Präsidenten einen weiteren emotionalen Disput über das Phänomen Antifa in den sozialen Medien aus. Wie viele Privatpersonen reagierte auch die SPD-Vorsitzende Saskia Esken im Internet auf Donald Trumps Verbalattacken und twitterte unter Nennung ihres Alters: «58 und Antifa. Selbstverständlich.» Der SPD-Vorstand schloss sich diesem Vorstoß mit Verweis auf die jahrzehntelange Existenz der sozialdemokratischen Partei demonstrativ an: «157 und Antifa. Selbstverständlich.»

Die Kritik folgte postwendend. Der CDU-Generalsekretär Paul Ziemiak twitterte: «Gegen Faschismus & für Demokratie und Menschenrechte. Ohne Gewalt. Für mich selbstverständlich. Für die #Antifa nicht. Traurig, dass der Vorsitzenden [der] #SPD die Kraft zur Differenzierung fehlt.» Seine Amtskollegin von der FDP, Linda Teuteberg, schrieb auf dem Kurznachrichtendienst: «[...] Trump hin oder her: Eintreten gegen Rassismus & für Würde jedes Menschen hat nichts mit #Antifa zu tun. Jeder Demokrat ist Antifaschist, aber nicht jeder Antifaschist ist auch Demokrat.»[18] In einem Gastkommentar für die Neue Zürcher Zeitung kritisierte die Journalistin Bettina Röhl nicht nur die Antifa-Bewegung polemisch mit den Worten «Was sich oft Antifa nennt, droht ununterbrochen mit Gewalt und Anschlägen etwa gegen Politiker oder Polizisten, sie steht für sinnlose Sachbeschädigungen in enormer Höhe», sondern sie konstruierte darin auch eine Kontinuitätslinie zwischen der Roten Armee Fraktion (RAF) und Antifa.[19] Schließlich schrieb der Historiker Jan C. Behrends in einem Blogeintrag vom Juni

2020 sogar, dass die Antifa «ein Produkt aus der Giftküche des Stalinismus» sei.[20]

Diese Beispiele zeigen deutlich, dass der Begriff ‹Antifa› eine riesige Projektionsfläche für Symbolpolitik bietet. Viele, die sich an den Debatten über die antifaschistische Bewegung beteiligen, interpretieren den Begriff so, dass dieser ihren schablonenhaften Standpunkten und ihrem vorkonstruierten Weltbild entspricht. Selten kommt es aber zu einem aufrichtigen Dialog, in dem die Grenzen der eigenen Wahrnehmung verschoben werden und ein neuer kollektiver Bedeutungs- und Wissensraum geschaffen wird.[21] Dabei wäre es eigentlich exakt das, was der Begriff ‹Antifa› und seine lange und traditionsreiche Geschichte verdient, anstatt zu einem unterkomplex behandelten Streitthema und zur «eierlegenden Wollmilchsau der Symbolpolitik»[22] zu verkommen. Schließlich irren sich sowohl diejenigen, die in ‹der Antifa› ausschließlich militante Systemoppositionelle und potentielle Linksterrorist*innen sehen, als auch diejenigen, welche ‹die Antifa› kritiklos an ihren noblen Parolen und Zielen messen.

Dieser einführende Band stellt daher einen Versuch dar, sich der (Begriffs-)Geschichte und den Charakteristika der facettenreichen Antifa-Bewegung anzunähern und ein differenziertes Bild zu zeichnen. Beginnend bei den Streitigkeiten innerhalb der deutschen Linken im Zuge des Ersten Weltkrieges beschreibt das erste Kapitel vor allem den Entstehungskontext der Antifaschistischen Aktion in der Weimarer Republik sowie die viel zu spät ausgerufene linke Einheitsfront aus Kommunist*innen, Sozialdemokrat*innen und Gewerkschafter*innen, welche die NS-Diktatur, den Zweiten Weltkrieg und den Holocaust nicht verhindern konnte. In Anbetracht recht unterschiedlicher Widerstandsformen von Einzelpersonen, Gruppen und Institutionen gegen den Nationalsozialismus hat dieser Teilabschnitt dabei nur einen Überblickscharakter. Das zweite Kapitel behandelt die Organisationen und Parteien, die sich in Deutschland auch nach 1945 das Thema ‹Antifaschismus› auf die Fahnen schrieben. In diesem Kontext wird auch die ambivalente Geschichte der Antifa-Bewegung in der DDR beleuchtet, wo ‹Antifaschismus› ein integraler Bestandteil der Staatsdoktrin war. Das dritte Kapitel des Buches beschreibt die Entstehung der autonomen Antifa-Gruppen in den frühen 1980er Jahren und deren Entwicklung bis in die Gegenwart. Es thematisiert sowohl Erfolge (z. B. dass durch das Engagement antifaschistischer Gruppen in den 1990er Jahren Rassismus und Rechtsextremismus als Gesellschaftsproblem etwas deutlicher erkannt wurde) als auch Krisen (z. B. den Bedeutungsverlust autonomer Antifa-Gruppen durch staatliche Antifaschismus-Programme) der Bewegung. Anschließend setzt sich das vierte Kapitel mit dem Balanceakt der Antifa-Bewegung «zwischen Bündnispolitik und Staatskritik» sowie «zwischen den Zielsetzungen demokratischer Aufklärung und radikaler Gesellschaftskritik» auseinander.[23] Thematisiert wird, welche Folgen – einerseits kontinuierliche Kontroversen über die Legitimität von Gewalt und andererseits staatliche Repressionen – aus diesem Dilemma resultieren.

1. Der Entstehungskontext der ‹Antifaschistischen Aktion›

Der Erste Weltkrieg gilt als die ‹Urkatastrophe› des 20. Jahrhunderts, dessen Vermächtnis ein von totalitären Ideologien bestimmtes ‹Zeitalter der Extreme›[1] mit einem noch blutigeren Zweiten Weltkrieg war. Dabei wird die nationalistische Stimmung im Deutschen Kaiserreich zu Beginn des Ersten Weltkrieges oft als ‹begeistert› oder ‹euphorisch› beschrieben. Der Schriftsteller Ernst Jünger, der selbst im ‹Großen Krieg› kämpfte, erklärte voller Enthusiasmus: «Da hatte uns der Krieg gepackt wie ein Rausch.»[2] Sein Schriftstellerkollege und späterer Literatur-Nobelpreisträger Thomas Mann teilte diese Begeisterung. In seinem Essay *Gedanken im Kriege* vom Herbst 1914 erklärte er: «Wie hätte der Künstler, der Soldat im Künstler nicht Gott loben sollen für den Zusammenbruch einer Friedenswelt, die er so satt, so überaus satt hatte! Krieg! Es war Reinigung, Befreiung, was wir empfanden.»[3]

Die initiale Kriegseuphorie war jedoch nur von kurzer Dauer. Es folgten riesige Materialschlachten, kollektives Töten durch technisierte Mordlust, verlustreiche Stellungskriege und sinnloses Massensterben wie in Verdun. Im Deutschen Kaiserreich verhängten die Militärbefehlshaber in jeder deutschen Provinz den Belagerungszustand und griffen dadurch in alle Bereiche des gesellschaftlichen, politischen und wirtschaftlichen Lebens ein. Dieser von der gemeingültigen Rechtslage abweichende Ausnahmezustand sollte zum einen die Produktion auch während des

Krieges aufrechterhalten beziehungsweise erhöhen und zum anderen militärische Wertvorstellungen in der Öffentlichkeit stärken. Um die Rüstungsindustrie zu fördern und Streiks und Unruhen zu unterbinden, kam es zu Beginn des Ersten Weltkrieges außerdem zur Außerkraftsetzung vieler bisheriger Errungenschaften im Bereich des Arbeitsschutzes und der Arbeitszeitlimitierung.

Schließlich hatte der Kriegsausbruch auch signifikante Veränderungen bei der Sozialdemokratischen Partei Deutschlands zur Folge: Ende Juli 1914 sprach sich die SPD noch für einen «flammenden Protest gegen das verbrecherische Treiben der Kriegshetzer» aus, rief zu einer sozialdemokratischen Straßendemonstration mit zwanzig- bis dreißigtausend Menschen gegen den Krieg auf und demonstrierte mit roten Fahnen ihre revolutionäre Gesinnung auf Massenkundgebungen.[4] Doch nur einige Tage später ereignete sich im Reichstag etwas bis dato Unvorstellbares: Die sozialdemokratische Parlamentsfraktion bewilligte mit 96 zu 14 Stimmen die zur Kriegsführung benötigten Kredite und unterstützte auch in den kommenden Jahren größtenteils die obrigkeitsstaatliche Politik unter Reichskanzler Theobald von Bethmann Hollweg, indem sie auf Lohnforderungen und Streikmaßnahmen verzichtete und stattdessen mit staatlichen Stellen und Unternehmen zusammenarbeitete.[5] Dieses als ‹Burgfriedenspolitik› bezeichnete Zurückstellen innenpolitischer und wirtschaftlicher Konflikte während des Ersten Weltkrieges begründete die SPD mit der berühmten Erklärung: «Wir lassen das Vaterland in der Stunde der Gefahr nicht im Stich.»[6] Kaiser Wilhelm II. hatte bereits zuvor den ebenso berühmten Spruch proklamiert: «Ich kenne keine Parteien mehr, ich kenne nur noch Deutsche.»[7]

Die (Mehrheits-)SPD verbündete sich demnach mit nationalistischen und reaktionären Kräften, enthielt sich fortan der Anti-Kriegstätigkeiten und entwickelte sich zu einem elementaren Bestandteil der deutschen politischen Kriegsmaschinerie. Der linke Parteiflügel, der nach wie vor an den alten revolutionären Zielen festhielt, war von der Bewilligung der Kriegskredite erschüttert, distanzierte sich von dem Burgfrieden im Kaiserreich und spaltete sich im Laufe des Krieges zunehmend ab. Seit 1917 gab es schließlich zwei sozialdemokratische Parteien: Zum einen war dies die kriegs- und staatsloyale Sozialdemokratie, die sich fortan MSPD (Mehrheitssozialdemokratische Partei Deutschlands) nannte, zum anderen die neu entstandene USPD (Unabhängige Sozialdemokratische Partei Deutschlands), die eine strikt pazifistische und teilweise weiterhin revolutionäre Gesinnung vertrat. Als linker Flügel der Partei schloss sich ihr 1917 auch der marxistisch-sozialistische ‹Spartakusbund› um Karl Liebknecht und Rosa Luxemburg an.

Neben den Konflikten innerhalb der traditionellen Arbeiter*innen-Partei SPD und in den Gewerkschaften verschärften sich die Spannungen im Gesellschaftsgefüge in diesen Jahren weiter: Durch den Ersten Weltkrieg stiegen Not und Elend an, aufgrund der sich stetig verschlechternden Versorgungslage machte sich Desillusionierung breit und die Bevölkerung verlor zunehmend Vertrauen in die alten obrigkeitsstaatlichen Autoritäten und in die Militärdiktatur im Inneren des Landes.[8] Die Kriegsmüdigkeit der Soldaten und die Friedenssehnsucht der Zivilist*innen verstärkten sich wechselseitig und die im Februar 1917 einsetzende Russische Revolution verlieh einer (Antikriegs-) Protestbewegung zusätzlich starken Auftrieb, sodass im April die Metallarbeiter in Berlin, Leipzig und in einigen weiteren Städten erstmals ihre Arbeit niederlegten.[9] Ebenso wie eine Meuterei in der deutschen Flotte im August 1917 hatte diese Streikbewegung zunächst keine weitere Durchschlagskraft. Einen entscheidenden Impuls lieferte jedoch die erfolgreiche Oktoberrevolution in

Russland, im Zuge derer die kommunistischen Bolschewiki unter der Führung Lenins das alte Zarenreich beseitigten und die Macht übernahmen. In Deutschland entstand alsbald eine politische Oppositionsbewegung, die den Lauf der Geschichte später entscheidend beeinflusste.

Der Erste Weltkrieg und die Novemberrevolution von 1918/19

Zu Beginn des Jahres 1918 schien die Lage des Deutschen Kaiserreiches im Ersten Weltkrieg noch aussichtsreich zu sein: Am 3. März 1918 kam es mit dem inzwischen bolschewistischen Russland zum Friedensschluss von Brest-Litowsk. Insofern konnte das Kaiserreich die Kämpfe an der Ostfront einstellen und sich auf den Krieg im Westen konzentrieren, wo es im Frühjahr tatsächlich zwischenzeitig einige Erfolge verbuchte. Im Sommer 1918 überschlugen sich jedoch die Ereignisse: Im Westen starteten die Alliierten eine Offensive nach der anderen und revidierten die Gewinne der deutschen Frühjahresoffensiven; ferner brachen die Verbündeten, Österreich ebenso wie Bulgarien, zusammen.[10] Spätestens im September 1918 war im Deutschen Kaiserreich klar: Der Krieg war verloren.

Die ‹Oberste Heeresleitung› (OHL) als strategisch-operative Leitung über die aktiven Truppenteile des deutschen Heeres während des Ersten Weltkrieges entwarf darauf den perfiden Plan, die bevorstehende Niederlage auf die Parteien des Reichstages, insbesondere auf die Sozialdemokrat*innen, abzuwälzen. Dazu forderten Generalfeldmarschall Paul von Hindenburg und Erich Ludendorff die Bildung einer von der SPD unterstützten parlamentarischen Reichsregierung, die schließlich die Waffenstillstandsverhandlungen mit den Alliierten führen sollte. Durch dieses Strategem wollten sich die reaktionären Generäle, welche die deutschen Streitkräfte und die Produktionskapazitäten der deutschen Kriegswirtschaft komplett überschätzt hatten, der Verantwortung entziehen und diese vor allem auf die SPD abschieben. Es war die Geburtsstunde der sogenannten ‹Dolchstoßlegende›, wonach die Schuld an der militärischen Niederlage des Deutschen Reiches vor allem bei den oppositionellen Zivilist*innen in der Heimat lag: Sozialist*innen und Sozialdemokrat*innen hätten dem deutschen Heer einen Dolch in den Rücken gestoßen.

Während der Reichstag Ende Oktober 1918 über die Einführung einer parlamentarischen Demokratie beriet, bereitete die Seekriegsleitung eine Attacke auf die britische Flotte vor, ohne darüber die Reichsregierung zu informieren. An dem Befehl, in einem letzten Gefecht einen ‹ehrenvollen Untergang› zu erleben, entzündete sich jedoch der revolutionäre Funke: Es folgte ein Matrosenaufstand, der sich rasch über ganz Deutschland ausweitete. Arbeiter*innen- und Soldatenräte ergriffen die Macht und die beiden sozialdemokratischen Parteien (MSPD & USPD) setzten sich in vielen deutschen Städten an die Spitze der Rätebewegung. Es war nur eine Frage der Zeit, bis die revolutionäre Bewegung Berlin erfasste. Ab dem 9. November 1918 erreichten die Ereignisse schließlich ihren Höhepunkt: Zunächst verkündete der Reichskanzler Max von Baden eigenmächtig die Abdankung von Kaiser Wilhelm II., worauf der Sozialdemokrat Philipp Scheidemann vom Reichstag die ‹deutsche Republik› ausrief; nur zwei Stunden später proklamierte der Spartakist Karl Liebknecht die ‹deutsche Räterepublik›.

Der revolutionäre Sturz der Monarchie war alles in allem relativ unblutig verlaufen. Nach dem Inkrafttreten eines Waffenstillstandes und dem Ende des Ersten Weltkrieges am 11. November 1918 stand allerdings noch die zentrale verfassungsrechtliche

Frage aus: Sollte Deutschland eine parlamentarische Demokratie oder ein Rätesystem haben? Die USPD-Linke und der Spartakusbund sprachen sich klar für Letzteres aus und wollten dadurch die revolutionäre Bewegung fortsetzen. Für die MSPD-Führung war es jedoch eine Frage des Prinzips, dass nicht Arbeiter*innen- und Soldatenräte, sondern ein von der Bevölkerung frei gewähltes Parlament die wesentlichen Entscheidungen über die gesellschaftliche und politische Zukunft des Landes treffen sollte.[11] Aus diesem Grund beschlossen die Mehrheitssozialdemokrat*innen, am 19. Januar 1919 eine Wahl zur verfassungsgebenden Nationalversammlung abzuhalten. Damit hatte sich der rechte Flügel der Sozialdemokratie bereits tendenziell durchgesetzt und die Revolution vorerst ausgebremst. Es folgte der Bruch zwischen MSPD und USPD. Noch im Jahr 1918 ließen die Mehrheitssozialdemokrat*innen revolutionäre Kräfte durch die reaktionären Streitmächte blutig niederschlagen, wodurch mehr Menschen ums Leben kamen als durch die Revolution selbst.[12]

In dieser explosiven Stimmung intensivierten sich auch die Spannungen zwischen den verschiedenen Strömungen innerhalb der USPD, sodass schließlich der ‹Spartakusbund› zusammen mit kleineren linksradikalen Gruppen aus dem norddeutschen Raum am 30. Dezember 1918 die Kommunistische Partei Deutschlands (KPD) ins Leben rief, an deren Spitze Karl Liebknecht und Rosa Luxemburg standen. Doch bereits beim Gründungsparteitag traten unterschiedliche Politikvorstellungen in Erscheinung, welche die radikale und antifaschistische Linke noch bis heute prägen. Während sich Rosa Luxemburg explizit von Lenins Parteidiktatur abzugrenzen versuchte und sich für eine Doppelstrategie aus parlamentarischen Entscheidungen und außerparlamentarischen Aktionen aussprach («Wir wollen innerhalb der Nationalversammlung ein siegreiches Zeichen aufpflanzen, gestützt auf die Aktion von außen»), beschloss der

Gründungsparteitag dagegen den Boykott der Nationalversammlung, weil diese ein «Organ der Bourgeoisie» sei.[13]

Allerdings entschied sich das Schicksal der deutschen Revolution noch vor der Nationalversammlung am 19. Januar 1919. Der Anlass dafür war ein relativ triviales Ereignis: Ein bis dato unbeachteter Berliner Polizeipräsident, Emil Eichhorn, wurde am 4. Januar entlassen, weil er dem linken Flügel der USPD angehörte und in den Kämpfen zuvor Revolutionäre unterstützt hatte, anstatt den Staat zu schützen. KPD, USPD und Revolutionäre Obleute sahen darin eine eklatante Provokation und riefen sofort zu Protestkundgebungen auf, die außer Kontrolle gerieten und in den Folgetagen zu Gewaltausschreitungen führten. Fälschlicherweise ist die Woche vom 5. bis 12. Januar 1919 dabei als ‹Spartakusaufstand› in die Geschichtsbücher eingegangen; tatsächlich war dies aber keine kommunistische Erhebung, sondern ein Versuch der Berliner Arbeiter*innen, die Errungenschaften vom 9./10. November 1918 wiederzuerlangen.[14] Freikorps der OHL schlugen den erneuten Anlauf der Revolution jedoch brutal nieder und neben den vielen Verletzten gab es insgesamt 165 Tote, darunter auch Rosa Luxemburg und Karl Liebknecht. Obwohl die Kämpfe längst entschieden waren, brachte eine konterrevolutionäre Bürgerwehr die beiden Symbolfiguren des deutschen Kommunismus am 15. Januar 1919 in ihre Gewalt und liquidierte sie auf erbarmungslose Weise.

Die Ermordung Liebknechts und Luxemburgs vertiefte den bereits im Ersten Weltkrieg einsetzenden Spaltungsprozess innerhalb der Arbeiter*innen-Bewegung eklatant, sodass aus Gegnerschaft schließlich erbitterte Feindschaft wurde. Der linke Flügel der USPD und die KPD machten die MSPD für diese sinnlose Bluttat politisch verantwortlich; im Gegenzug beschuldigten die Mehrheitssozialdemokrat*innen die linksradikalen Strömungen, sie durch ihren aussichtslosen und sinnlosen Putschismus zur Niederschlagung der Aufstände gezwungen zu haben.[15] In Anbetracht des daraus resultierenden Bruchs zwischen Sozialdemokrat*innen und Revolutionär*innen urteilte der renommierte deutsch-britische Publizist Sebastian Haffner deshalb, dass die Ermordung von Rosa Luxemburg und Karl Liebknecht «das eigentlich geschichtsträchtigste Ereignis des deutschen Revolutionsdramas» darstellte.[16] Die Tat war ein Fanal für die Verrohung der politischen Kultur, für weitere tödliche Gewaltexzesse in der Weimarer Republik und schließlich für millionenfachen Mord in der Zeit des Nationalsozialismus.

Während aus der Nationalversammlung vom 19. Januar 1919 die bürgerlichen Parteien der Mitte unter MSPD-Führung als Wahlsieger hervorgingen, tobte in Deutschland ein brutaler Bürgerkrieg. Die Arbeiter*innen-Bewegung kämpfte vor allem für den Erhalt und Ausbau des Rätesystems, für höhere Löhne und bessere Arbeitsbedingungen sowie für die Sozialisierung der Schlüsselindustrien.[17] In Berlin wurde ein Generalstreik zur Demokratisierung des Militärs ebenso blutig durch reaktionäre Freikorps und die Reichswehr niedergeschlagen wie die Versuche zur Etablierung einer Räteregierung in Bremen und München. Tausende Menschen kamen zwischen Januar und Mai 1919 ums Leben. Einige Rätesysteme konnten zwar bis zum Herbst und Winter 1919/20 fortbestehen, jedoch hatte mit der Niederschlagung der Münchner Räterepublik am 4. Mai 1919 die letzte Stunde der Novemberrevolution faktisch bereits geschlagen.

Diese letzte Phase der Revolution von 1918/19 ist im kollektiven deutschen Gedächtnis nicht sonderlich präsent, obschon sie bedeutsam für die deutsche Historie des 20. Jahrhunderts war. Hier wurden die Weichen für die fatale Entwicklung in der Weimarer Republik und die Entstehung der nationalsozialistischen Diktatur gestellt: Zum einen kulminierte der Bürgerkrieg in einer irreversiblen Spaltung der Sozialdemokratie, zerstörte damit etliche Bündnisoptionen der linken Kräfte und zwang diese langfristig eher in eine Minderheitenposition; zum anderen hatte der Bürgerkrieg zur Folge, dass in den konterrevolutionären Freikorps Gesinnungen und politische Praktiken entstanden, die später charakteristisch für die SA und die SS wurden.[18] Zwar verabschiedete die Nationalversammlung Ende Juli 1919 mit überwältigender Mehrheit die Weimarer Verfassung, die kurze Zeit später in Kraft trat. Die Geschichte dieser Republik begann jedoch mit dem Blut der Revolutionär*innen.

Die Weimarer Republik und die Entstehung des Faschismus

Trotz Unterzeichnung des Friedensvertrages von Versailles und der Verabschiedung der Weimarer Verfassung im Sommer 1919 beruhigte sich die Lage in Deutschland nicht, sondern der Radikalisierungsprozess setzte sich sowohl auf der linken als auch auf der rechten Seite des politischen Spektrums fort. Im März des Jahres 1920 waren es reaktionäre Kräfte, die einen konterrevolutionären Putschversuch starteten, der die junge parlamentarische Demokratie an den Rand eines erneuten Bürgerkrieges brachte. Der nach den Initiatoren benannte Kapp-Lüttwitz-Putsch scheiterte nach einigen Tagen zum einen an der unklaren Zielsetzung des Unterfangens und zum anderen an der Tatsache, dass sowohl die Regierungsbürokratie nicht mit den Putschisten kooperierte, als auch daran, dass die Arbeiter*innen den größten Generalstreik in der deutschen Geschichte ausriefen.

Während es die Regierung unter Führung der SPD nach dem Ende des blamablen Putsches unterließ, die rechten Feinde der Republik resolut zu bestrafen, schreckte sie jedoch nicht davor zurück, erneut reaktionäre Freikorpsverbände zur brutalen Niederschlagung der ‹Roten Ruhrarmee› einzusetzen, die sich infolge des Staatsstreiches im Ruhrgebiet formierten und die Putschisten entscheidend bekämpften. Insofern war nach der Novemberrevolution von 1918, dem ‹Spartakusaufstand› sowie dem darauffolgenden Bürgerkrieg von 1919 und der blutigen Bekämpfung der Roten Ruhrarmee von 1920 das Gros der sich als revolutionär begreifenden linken Kräfte ermordet worden oder saß im Gefängnis. Sämtliche Hoffnungen auf eine Räterepublik, auf eine Demokratisierung des reaktionären Militärwesens und die Sozialisierung der Schlüsselindustrien waren damit in weite Ferne gerückt.

In den Folgejahren erstarkten vor allem die rechtsnationalen Kräfte und führende Protagonisten des öffentlichen Lebens wurden von rechtsradikalen Gruppen ermordet. Bereits am 21. Februar 1919 wurde Kurt Eisner, führender Kopf der Revolution in München und seit November 1918 bayerischer Ministerpräsident, von Anton Graf von Arco-Valley auf dem Weg in den Landtag mit zwei Revolverschüssen getötet. Zu seinem Motiv erklärte der Attentäter: «Eisner ist Bolschewist, er ist Jude, er ist kein Deutscher, er fühlt nicht deutsch, untergräbt jedes vaterländische Denken und Fühlen, ist ein Landesverräter.»[19] Im Jahr 1921 fielen der Finanzminister Matthias Erzberger (Deutsche Zentrumspartei) und ein Jahr später der jüdische Außenminister Walther Rathenau (Deutsche Demokratische Partei) rechtsextremistisch-motivierten Attentaten zum Opfer. Schon lange Zeit zuvor kursierte unter Freikorpssoldaten ein Lied, das zur Ermordung des liberalen Politikers aufrief: «Schlagt tot den Walther Rathenau, die gottverdammte Judensau!»[20] Rathenau hatte den Hass der Mörder auf sich gezogen, da er in seiner Funktion als Außenminister den sogenannten Vertrag von Rapallo unterzeichnet hatte, der die Beziehungen zwischen dem Deutschen Reich und der Russischen Sozialistischen Föderativen Sowjetrepublik normalisierte. Dass die deutsche Regierung damit die Sowjetunion als ersten sozialistischen Staat international anerkannte, brachte die rechten und reaktionären Kräfte in Rage. Die Attentatsserie stellte den bisherigen Kulminationspunkt einer politischen Polarisierung dar, in der ein Klima der Gewalt und des Hasses entstanden war, das teilweise die Bekämpfung des politischen Feindes bis zum Tod zur Folge hatte.[21]

Weiteren Auftrieb erhielt die rechtsnationalistische Bewegung durch den Siegeszug der Faschist*innen in Italien: Ende des 19. Jahrhunderts waren dort bereits einige Arbeiter- und Kampfbünde wie zum Beispiel die sizilianischen ‹fasci revoluzionari› entstanden, deren Bezeichnung sich von dem Plural des lateinischen Wortes für Rutenbündel (‹fasces›) ableitete, was wiederum seit dem Römischen Reich ein bedeutsames Herrschafts- und Machtsymbol darstellte. Zunächst hatten viele dieser Bünde sogar einen linken und sozialrevolutionären Charakter und auch der spätere Diktator an der Spitze des faschistischen Regimes, Benito Mussolini, war lange in der radikalen Linken aktiv. Nach einer Station bei der sozialistischen Zeitschrift *Lotta di classe* (Klassenkampf) trat er 1912 die Stelle des Chefredakteurs der *Avanti!*, dem Zentralorgan der Sozialistischen Partei Italiens (Partito Socialista Italiano, kurz: PSI), an. Unter Beibehaltung seines revolutionären Ansatzes lösten während des Ersten Weltkrieges jedoch zunehmend nationalistische Ambitionen die proletarischen Interessen Mussolinis ab. Es folgten die Entlassung als Chefredakteur sowie der Ausschluss aus der Sozialistischen Partei Italiens 1914, woraufhin er mit staatlich-finanzieller Unterstützung die nationalfaschistische Zeitung *Il Popolo d'Italia* ins Leben rief.

Nach der Enttäuschung vieler Italiener*innen über den Ausgang des Ersten Weltkrieges und die unerfüllten Territorialbestrebungen erhielt die faschistische Bewegung Zulauf. Im Jahr

1919 gründete eine Gruppe um Benito Mussolini deshalb die ‹Fasci Italiani di Combattimento› (Italienische Kampfbünde), als deren ‹Duce› (Führer) er sich fortan etablierte. 1921 waren die Faschist*innen bereits eine ca. 250 000 Personen starke Bewegung, die zunächst nur schwachen Einfluss auf das Parlament hatte, aber das politische Klima – wie später die Sturmabteilung (SA) in der Weimarer Republik – vor allem auf den Straßen bestimmte. Im Oktober 1922 drohte Mussolini mit einem ‹Marsch auf Rom› einen Putsch an, worauf ihn König Viktor Emanuele an die Spitze eines Mitte-Rechts-Koalitionskabinetts berief. Der anschließend inszenierte ‹Marsch auf Rom› erfolgte dann zu Propagandazwecken. Infolge des Machtantritts des ‹Duce› erhielten nationalistisch-faschistische Gruppen auch in Deutschland stärkeren Auftrieb und der Begriff ‹Antifaschismus› etablierte sich vor allem bei den Kommunist*innen als Parole für den Abwehrkampf.

Als Ministerpräsident schaltete Mussolini in den Folgejahren das Parlament aus, ließ alle Parteien bis auf die Nationale Faschistische Partei (Partito Nazionale Fascista, kurz: PNF) verbieten und eine Geheimpolizei aufbauen. Er errichtete eine faschistische Diktatur, die sich vor allem durch folgende Charakteristika kennzeichnete: a) eine charismatische, autoritäre Führerfigur, b) die strikte Unterwerfung der Gesellschaft unter das Führerprinzip, c) den hierarchischen Aufbau der politischen Organisation, d) rechtsextremes, offen rassistisches und fremdenfeindliches Gedankengut sowie e) eine (in Bezug auf andere politische Überzeugungen) negative Eigendefinition (als antidemokratisch, antiparlamentarisch, antiliberal, antihumanistisch etc.).[22] Der italienische Schriftsteller und Philosoph Umberto Eco verwies auf die Bedeutung von Gewalt und Maskulinität dieser Ideologie, indem er erklärte: «Faschistisch ist jedes Liebäugeln mit einer eminent männlichen Kraft, die weder lesen noch schreiben kann.»[23] Des Weiteren charakterisiert den ‹Ur-Faschismus› ein starker Traditionskult, die Ablehnung der Moderne und der analytischen Kritik, ein nationalistisches Elitedenken sowie ein selektiver Populismus.[24]

Im Jahr 1939 schloss Benito Mussolini ein Militärbündnis mit dem ‹Dritten Reich› und trat ein Jahr später auf deutscher Seite in den Zweiten Weltkrieg ein. Sein Regime bestand bis zum Juli 1943, bevor ihn oppositionelle Faschist*innen und Monarchist*innen stürzten und das Bündnis mit dem NS-Staat aufkündigten. Italien war jedoch nicht das einzige Land, in dem in dieser Zeit der Faschismus großen Einfluss erzielen konnte: In Spanien erlangte General Francisco Franco im Zuge des Bürgerkriegs von 1936 bis 1939 (‹Das erste internationale Schlachtfeld zwischen Faschismus und Antifaschismus›) die Macht und errichtete eine Diktatur nach italienischem Vorbild, in der jedoch die katholische Kirche noch stärkeren Einfluss hatte. Da der Franquismus keine außenpolitischen Bestrebungen hatte und sich nicht zum Eintritt in den Zweiten Weltkrieg bewegen ließ, konnte das faschistische System sogar nach 1945 fortexistieren; die ersten freien Wahlen fanden in Spanien schließlich erst im Jahr 1977 statt. Sowohl in Österreich als auch in Ungarn entstanden bereits nach dem Ersten Weltkrieg nationalistische und (proto-)faschistische Formationen, die sich später in vielen Gesichtspunkten am deutschen Nationalsozialismus orientierten: In Österreich existierte von 1933/34 bis zum Anschluss an das ‹Dritte Reich› im Jahr 1938 eine Art ‹austrofaschistische Diktatur›, während in Ungarn die ‹Pfeilkreuzlerbewegung› durch deutsche Unterstützung erst gegen Ende des Zweiten Weltkrieges eine faschistische Kollaborationsregierung etablieren konnte. Eine starke faschistische Bewegung in Form einer politischen Partei bestand ferner in Rumänien, wo die antisemitische und ultranationalistische ‹Eiserne Garde› im Bündnis mit General

Ion Antonescu 1940 die Macht ergriff; ein Jahr später ließ dieser jedoch die Bewegung ausschalten und bis 1944 eine reine Militärdiktatur errichten. Auch in Frankreich (‹Le Faisceau›), Großbritannien (‹British Union of Fascists›) und den skandinavischen Staaten erstarkten in den Zwischenkriegsjahren aufgrund von innenpolitischen Konflikten und ökonomischen Problemen faschistische Bewegungen. Jedoch konnte der Faschismus nur dort die Regierungsmacht erlangen, wo er Unterstützung durch die rechten Eliten und die Obrigkeit erhielt. In allen diesen Ländern hatte der Faschismus Diskriminierung, Entrechtung und Vertreibung zur Folge. Bei der deutschen Erscheinungsform zeigt sich indes eine exzeptionelle Radikalität, die auf dem nationalsozialistischen Gleichschaltungsprozess und Expansionscharakter, der Rassentheorie und dem eliminatorischen Antisemitismus basierte, der letztendlich in einen industriellen Genozid kulminierte. Aus diesem Grund muss bei der nationalsozialistischen Diktatur in Deutschland von 1933–45 von einem ‹(spezifisch) deutschen Faschismus› die Rede sein, der sich im Vergleich mit anderen faschistischen Regimen nicht relativieren lässt.

Bereits im ‹Schicksalsjahr 1923› sorgten politische und wirtschaftliche Krisen für eine ernste Eskalation der Situation in Deutschland und brachten die Weimarer Republik an den Rand des Zusammenbruchs. Ein Schlüsselereignis war die Ruhrbesetzung von 1923 bis 1925: Da die Weimarer Republik in einen Lieferrückstand deutscher Reparationen an Frankreich geraten war, okkupierten am 11. Januar 1923 französische und belgische Truppen Teile des Ruhrgebietes. Die deutsche Regierung rief daraufhin zum ‹passiven Widerstand› auf, was vor allem die Gewerkschaften und der Verwaltungsapparat befolgten, sodass sich die Ruhrbesetzung zu einem sehr beschwerlichen Unterfangen für Frankreich und Belgien entwickelte. Rechtsradikale übten dagegen in den besetzten Gebieten Sabotageaktionen aus und leisteten ‹aktiven Widerstand›. Aufgrund militanter Aktionen gegen die Ruhrbesetzung wurde dabei Albert Leo Schlageter, ein Freikorps-Soldat und faschistischer Söldner, von einem französischen Militärgericht zum Tode verurteilt und erschossen. Nach seiner Hinrichtung avancierte er nicht nur in der rechten Szene rasch zu einem Märtyrer und löste in der nationalsozialistischen Propaganda einen veritablen ‹Schlageter-Kult› aus.

Die radikale Linke reagierte ambivalent auf diese Entwicklungen. Infolge sowohl des Erstarkens der faschistischen Bewegung in Italien als auch der rechtsextremen Aktivitäten in Deutschland war insbesondere die KPD alarmiert. Aus Furcht vor einem potentiellen Rechtsputsch rief die kommunistische Partei daher zum ersten ‹Antifaschisten-Tag› am 29. Juli 1923 auf und erklärte in einem Flugblatt: «Mord wird täglich von den Faszisten an der arbeitenden Bevölkerung begangen! Millionen junge u. erwachsene Arbeiter, Beamte, Angestellte u. Kleinbauern müssen am Anti-Faszistentag (29. Juli) wuchtig ihre Stimme dagegen erheben!»[25] Die Aktion richtete sich gegen sämtliche rechtsextreme Kampfverbände und bewaffnete Formationen der Freikorps, aber ebenso gegen die Gesamtheit aller kapitalistischen Großunternehmen. Adressiert war der Appell vor allem an Bauern, Beamte und an den arbeitenden Mittelstand Deutschlands:

> «Die KPD ruft die Arbeiter auf, überall Abwehrorganisationen zu bilden, die, wenn nötig, mit Waffen in der Hand, einen faschistischen Umsturz verhindern würden. Die Kommunistische Partei hält es für notwendig, in demselben Augenblick, wo sie versucht, die Abwehrfront der Arbeiter ohne Rücksicht auf Parteizugehörigkeit, gegen die faschistischen Organisatoren des Bürgerkrieges aufzurichten, sich an euch Bauern, Handwerker, Beamte, Festbesoldete, Klein- und Sozialrentner mit dem Aufruf zu wenden: Laßt euch nicht von den Junkern,

von den Eisen- und Kohlenbaronen, laßt euch nicht von den Aasgeiern eurer Not als Kanonenfutter gegen die Arbeiterklasse gebrauchen. Wir fordern euch auf: Errichtet zusammen mit den Kommunisten die gemeinsame Front der Not und der Arbeit gegen die Prasser, Spekulanten und Ausbeuter! [...] Nur wenn ihr das versteht, wenn ihr euch mit der Arbeiterklasse verbindet, anstatt euch gegen sie ausnützen zu lassen, dann wird der verheerende Bürgerkrieg in Deutschland vermieden werden. Nur dann wird ein Ausweg gefunden werden aus Not und Elend, der die Ketten von Versailles sprengt.»[26]

Das Schreiben stellt insofern ein Schlüsseldokument für die antifaschistische Bewegung dar, als darin einige ihrer konstitutiven Charakteristika und zentralen Ziele offenkundig werden: Erstens riefen die Kommunist*innen bereits zu diesem Zeitpunkt zu einer breiten und elastischen Einheitsfront gegen die nationalistischen und faschistischen Tendenzen auf; zweitens ist die Bekämpfung des Kapitalismus eine ebenso wesentliche Eigenschaft im Selbstverständnis der antifaschistischen Bewegung wie die Bekämpfung von politischen Rechtsentwicklungen; drittens veranschaulicht dieser Aufruf, dass dazu Gewalt als ein durchaus legitimes Instrument angesehen wurde. Bereits Rosa Luxemburg erklärte diesbezüglich: «Die beste Parade ist ein kräftiger Hieb.»[27] Dass die Erreichung der Ziele auf revolutionäre Weise zu erfolgen habe, betonte in den Folgejahren vor allem die Frauenrechtlerin und KPD-Reichstagsabgeordnete Clara Zetkin, die im Juni 1923 im Zuge ihrer Analyse des Phänomens Faschismus erläuterte:

«[Der Faschismus] ist keineswegs die Rache der Bourgeoisie dafür, dass das Proletariat sich kämpfend erhob. Historisch objektiv betrachtet, kommt der Faschismus vielmehr als Strafe, weil das Proletariat nicht die Revolution, die in Russland eingeleitet worden ist, weitergeführt und weitergetrieben hat. Und der Träger des Faschismus ist nicht eine kleine Kaste, sondern es sind breite soziale Schichten, große Massen, die selbst bis in das Proletariat hineinreichen.»[28]

Um eine Grundlage für eine ‹Revolution von unten› zu schaffen, war es für die antifaschistische Bewegung von zentraler Bedeutung, diejenigen sozialen Schichten auf ihre Seite zu ziehen beziehungsweise zu neutralisieren, die mit dem Faschismus sympathisierten. Fatalerweise übernahm die KPD deshalb eine Zeit lang sogar einige antisemitische und nationalistische Parolen der Rechten. Da sich diese Taktik auf Albert Leo Schlageter bezog, der nicht nur in rechten Kreisen Bewunderung fand, wurde sie ‹Schlageter-Kurs› genannt. Den Impuls dafür lieferte der Journalist und Politiker Karl Radek, der einen nationalbolschewistischen Kurs einschlug und Rechtsradikale für den Kampf gegen die Westmächte gewinnen wollte. In seiner berüchtigten ‹Schlageter-Rede› vom Juni 1923 erklärte er:

> «Während der ganzen Rede der Genossin Zetkin über die Widersprüche des Faschismus schwirrte mir im Kopf der Name Schlageter herum und sein tragisches Geschick. Wir sollten seiner Gedenken, hier, wo wir politisch zum Faschismus Stellung nehmen. Die Geschicke dieses Märtyrers des deutschen Nationalismus sollen nicht verschwiegen, nicht mit einer abwertenden Phrase erledigt werden. Sie haben uns, sie haben dem deutschen Volke vieles zu sagen. Wir sind keine sentimentalen Romantiker, die an der Leiche die Feindschaft vergessen und wir sind keine Diplomaten die sagen: am Grabe Gutes reden oder Schweigen. Schlageter, der mutige Soldat der Konterrevolution, verdient es von uns, Soldaten der Revolution, männlich-ehrlich gewürdigt zu werden.»[29]

Bald jedoch gab die KPD den fatalen ‹Schlageter-Kurs› wieder auf, weil im Herbst 1923 das Bedrohungspotenzial der Nationalsozialist*innen im Freistaat Bayern offenkundig in Erscheinung trat: Dort hatte Regierungspräsident Gustav Ritter von Kahr in den ersten Jahren der Weimarer Republik eine sogenannte ‹rechte Ordnungszelle› etabliert, die durch eine ultra-konservative und reaktionäre Politik einen Gegenentwurf zu einem vermeintlich im ‹marxistischen Chaos› versinkenden Deutschland darstellen sollte. Nach den Erschütterungen durch die Novemberrevolution, den Experimenten der Räterepubliken und dem Bürgerkrieg in den Jahren 1918/19 sollte Bayern ein nationales Vorbild für ‹Ruhe und Ordnung› abgeben. Tatsächlich hatte sich jedoch insbesondere München in den Jahren unter der republikfeindlichen Rechtsregierung von Kahrs zu einem Zentrum für extrem rechtsnationalistische Aktivitäten und Strukturen entwickelt, die bereits vor dem Ersten Weltkrieg entstanden waren. Nicht zuletzt auf dieser Grundlage konnte Adolf Hitler seine antisemitische, demokratiefeindliche und nationalsozialistische Bewegung aufbauen. Bereits im Jahr 1920 sammelte er dazu die Nationalsozialistische Deutsche Arbeiterpartei (NSDAP) hinter sich.

Als im November 1923 die Weimarer Republik den Gipfel einer bereits seit Jahren ansteigenden Inflation erreichte, schlug der Freistaat Bayern einen scharfen Konfrontationskurs mit der demokratischen Reichsregierung ein. Gustav Ritter von Kahr ließ sich mit außerordentlichen Exekutivvollmachten ausstatten und erwog – nach dem Vorbild Benito Mussolinis in Italien – mit einem ‹Marsch auf Berlin› einen Putsch zur Machtübernahme im Deutschen Reich. In dieser Situation ergriff Hitler am Abend des 8. Novembers 1923 die Initiative, stürmte zusammen mit seinen Gefolgsleuten der NSDAP eine Veranstaltung von Kahrs vor bürgerlich-nationalistischem Publikum im Münchner Bürgerbräukeller und verkündete durch einen Pistolenschuss in die Decke die nationale Revolution. Am nächsten Tag wollte der Vorsitzende der NSDAP die Staatsgewalt an sich reißen und initiierte dazu einen ‹Marsch auf die Feldherrnhalle›, dem sich tausende zum Teil schwer bewaffnete Gefolgsleute anschlossen. Der Putschversuch endete allerdings mit einem Schusswechsel, bei dem insgesamt 20 Personen (16 Faschisten, 4 Polizisten und 1 Schaulustiger) ums Leben kamen. Eine fundamentale Schwächung der nationalsozialistischen Bewegung hatte das Scheitern des Staatsstreiches jedoch nicht zur Folge: Hitler kam bereits nach einem Jahr aus dem Gefängnis frei, das reichsweite NSDAP-Verbot hatte nur temporär Bestand und die nationalsozialistische Propaganda konnte den erfolglosen Putsch in eine heroische Niederlage umdeuten.

Vor diesem Hintergrund rückten die Kommunist*innen rasch wieder vom zwischenzeitlichen ‹Schlageter-Kurs› ab: So stellte der deutsche Politiker Hermann Remmele auf dem V. Weltkongress der Kommunistischen Internationale (Komintern) klar, dass der Faschismus das «Instrument der Bourgeoisie gegen das revolutionäre Proletariat sei»[30], weshalb potentielle Bündnisse zwischen Kommunist*innen und Faschist*innen ein absolutes Tabu bleiben sollten. Jedoch zeichnete sich kurz darauf schon eine weitere fatale Entwicklung in der Geschichte der antifaschistischen Bewegung ab: Im Kontext der erbitterten Feindschaft innerhalb der Parteien des linkspolitischen Spektrums erhoben sich Stimmen, welche die Sozialdemokratie – aufgrund ihrer Haltung zu faschistischen Bewegungen und Regimen in diversen Ländern – als elementaren Teil dieses Problems identifizierten. Dabei war es Stalin selbst, der auf dem V. Weltkongress der Komintern erklärte: «Der Faschismus ist eine Kampforganisation der Bourgeoisie, die sich auf die aktive Unterstützung der Sozialdemokratie stützt. Die Sozialdemokratie ist objektiv der gemäßigte Flügel des Faschismus. […] Diese Organisationen schließen einander nicht aus, sondern ergänzen einander. Es sind keine Antipoden, sondern Zwillingsbrüder.»[31] Diese Denkweise, wonach sich die Sozialdemokratie zu einem Flügel des Faschismus entwickelt habe und diesen aufgrund ihrer Nicht-Revolutionsbereitschaft dienlich flankiere, stieß in der Folgezeit auf breite Zustimmung bei den Kommunist*innen.

Die Zeit von 1924 bis 1929, also vom Ende der Inflation bis zum Ausbruch der Weltwirtschaftskrise, wird oftmals als eine Phase der relativen Konsolidierung der Weimarer Republik beschrieben, in der sich das System sowohl im Inneren als auch im Äußeren festigte. Bei einem etwas kritischeren Blick lässt sich jedoch konstatieren, dass insbesondere der innere Frieden von recht fragiler Natur war. Das politische Kräfteverhältnis verschob sich zunehmend zu Gunsten der reaktionären und rechten Parteien und so stimmten bei den Reichstagswahlen 1924 bereits über zehn Millionen Wahlberechtigte (ca. 34%) für rechtsbürgerliche Parteien; die seit 1922 wiedervereinigte SPD erhielt sechs Millionen Stimmen (20,5%) und für die KPD stimmten 3,7 Millionen Wahlberechtigte (12,6%).[32] Ein weiterer Ausdruck eines starken reaktionär-konservativen Trends war ferner die Tatsache, dass nach dem Tod des Reichspräsidenten Friedrich Ebert im Jahr 1925 Generalfeldmarschall Paul von Hindenburg ihm im Amt folgte.

In der KPD, die infolge einer Revolte in Hamburg im Oktober 1923 für einige Monate reichsweit verboten worden war, führte der Rechtsruck zu einer janusköpfigen Entwicklung: Einerseits begrüßten die Kommunist*innen sämtliche antifaschistischen Bestrebungen gemeinsam mit Parteien und Gruppen der Arbeiter*innen-Klasse sowie mit Gewerkschaften im Sinne einer breiten und elastischen ‹Einheitsfront›. Die kollektive Abwehr des Kapp-Putsches von 1920 diente dabei als leuchtendes Beispiel, in dem die radikale Linke eine breite Basis aktivieren konnte. Andererseits betrieben die Kommunist*innen durch ihre strikte Frontstellung gegenüber der Sozialdemokratie ebenso eine isolationistische Politik, was allerdings keine spezifisch deutsche Erscheinung war. 1924 hatte der sowjetische Politiker Grigori Sinowjew die These vom ‹Sozialfaschismus› aufgestellt, wonach die Sozialdemokratie den ‹linken Flügel› des Faschismus darstellt und deshalb entschieden bekämpft werden müsse. Nachdem sich Josef Stalin 1927 endgültig als absoluter Alleinherrscher in der Sowjetunion durchgesetzt hatte, avancierte die ‹Sozialfaschismusthese› zur ideologischen Richtschnur der Kommunist*innen.[33] Insofern verhinderte das Festhalten an dieser Theorie eine einheitliche und solidarische Gegenbewegung zum Nationalsozialismus.

Vor allem im Kontext der Weltwirtschaftskrise im Jahr 1929 entstand in den Reihen der KPD erneut die Hoffnung, der Kapitalismus könnte abgeschafft werden. Die SPD setzte jedoch auch in dieser Krisensituation ihre pro-kapitalistische und gegen Verfassungsfeinde repressive Politik fort, für die sie von der radikalen Linken für die Ruhigstellung der Arbeiter*innen verantwortlich gemacht beziehungsweise als ‹Feindin der Revolution› bezeichnet wurde.[34] Ebenso wie bereits zuvor der fatale ‹Schlageter-Kurs› war jedoch die ‹Sozialfaschismusthese› – bis sich die Komintern im Jahr 1935 offiziell von ihr entsagte – ein kontroverses Konstrukt, das die radikale Linke vor allem in Anbetracht der zunehmenden Konfrontationen mit Nationalsozialist*innen nicht unisono teilte. Insofern setzten sich die theoretischen Diskussionen über den Begriff ‹Faschismus› in der Komintern fort, wobei diese allerdings erst zwei Jahre nach dem Machtantritt der Nationalsozialist*innen schließlich zu einer ‹Volksfront gegen den Faschismus› aufrief, den sie als «die offene terroristische Diktatur der am meisten reaktionären, chauvinistischen und imperialistischen Elemente des Finanzkapitals»[35] definierte.

Vor allem der bulgarische Politiker Georgi Dimitroff war in den 1920er und 1930er Jahren tonangebend auf dem Feld der Faschismusforschung. In einer nach seiner Person benannten und weit verbreiteten ‹Faschismustheorie› aus dem Jahr 1935 erklärte er, dass Faschismus und ‹bürgerliche Demokratie› – wie diese etwa von den Sozialdemokrat*innen vertreten wird – lediglich verschiedene Varianten des Kapitalismus seien und diese Herrschaftsformen auf derselben ökonomischen Basis beruhen würden. Wenn es demnach in Zeiten sozialrevolutionärer Bestrebungen zur Bedrohung des kapitalistischen Wirtschaftssystems käme, dann verwandle sich die bürgerliche Demokratie (beziehungsweise deren Scheinform) in eine faschistische Diktatur, die auf die Niederschlagung und Unterdrückung der revoltierenden Arbeiter*innen-Bewegung abziele. Vor allem in Bezug auf Deutschland und Italien, aber ebenso an den Beispielen Bulgariens, Österreichs und Polens sahen die Vertreter*innen der ‹Dimitroff-These› diese bestätigt. Auch wenn eine solche Denkweise im Hinblick auf die Sozialdemokratie aus der Gegenwartsperspektive irritieren dürfte, so entfaltete die Faschismustheorie von Georgi Dimitroff in den 1920er und 1930er Jahren jedenfalls eine starke Strahlkraft auf die radikale linke Bewegung und in Anbetracht des damaligen Kurses der Sozialdemokratie lässt sich die Attraktivität dieser Interpretation durchaus nachvollziehen.

Im deutschsprachigen Raum waren es vor allem die 1933 in die USA emigrierten Wissenschaftler*innen des Frankfurter Instituts für Sozialforschung (IfS), die sich mit dem Thema Faschismus beschäftigten. Im Gegensatz zum ökonomistischen Ansatz der ‹Dimitroff-These› fokussierten sich die Forscher*innen der ‹Frankfurter Schule› auf einen Konnex zwischen Faschismus und der gesamten Gesellschaftsstruktur des Kapitalismus. Der Leiter des Instituts, der Sozialphilosoph Max Horkheimer, formulierte das in der antifaschistischen Bewegung bekannte und nach wie vor weit verbreitete Zitat: «Wer aber vom Kapitalismus nicht reden will, sollte auch vom Faschismus schweigen.»[36] Insofern lautete seine These, dass die kapitalistischen Produktionsverhältnisse bereits die Basis zur Entstehung des Faschismus bilden: Demnach sei dieser nicht einfach nur ein verbrecherisches Phänomen, das sozusagen aus dem Nichts entstehe; stattdessen sei es die historische Funktion des Faschismus, dass dieser als Reaktion auf Krisen des Kapitalismus die sozialrevolutionäre Arbeiter*innen-Bewegung mit despotischen Mitteln bekämpfe und das kapitalistische System aufrechterhalte. Später ergänzten vor allem die Philosophen Erich Fromm und Theodor W. Adorno diese Faschismustheorie mit ihren sozialpsychologischen Forschungen zum ‹autoritären Charakter›[37], wonach sich im Kaiserreich eine sehr obrigkeitshörige Einstellung vieler Deutscher entwickelt habe, die «eine hohe Bereitschaft zu konformen Verhalten, die Tendenz zur Unterwerfung unter Stärkere und zur Beherrschung Schwächerer, übermäßige Kontrolle der eigenen Gefühle, sexuelle Prüderie, Rassismus und insbesondere Antisemitismus aufweise.»[38]

Die Ausrufung der ‹Antifaschistischen Aktion› im Jahr 1932

Die relative Stabilität der Weimarer Republik seit ca. 1924 endete spätestens mit dem Ausbruch der Weltwirtschaftskrise durch den New Yorker Börsencrash im Oktober 1929. Doch schon zuvor ließ sich beobachten, wie sich die sozialen Lebensverhältnisse zuspitzten, das Gesellschaftsklima sich drastisch verschlechterte und die Gewaltbereitschaft zunahm. So kam es beispielsweise vom 1. bis 3. Mai 1929 zum sogenannten Berliner ‹Blutmai›, bei dem ca. 13 000 Polizisten brutal das Verbot einer von der

KPD angekündigten, aber nicht rechtmäßigen Demonstration durchsetzten und dabei 33 Zivilist*innen töteten sowie viele weitere Unbeteiligte verletzten. Infolge dieser Krawalle wurden der Rotfrontkämpferbund (RFB) – eine paramilitärische Schutztruppe der KPD – sowie sämtliche Unterorganisationen am 3. Mai 1929 verboten. Die Kommunist*innen sahen sowohl in den Gewaltausschreitungen als auch in dem Verbot des RFB eine weitere Bestätigung der Sozialfaschismusthese und so erklärte etwa der finnisch-sowjetische Politiker Otto W. Kuusinen im Juli 1929 auf einem Plenum der Kommunistischen Internationale:

> «Die Faschisten sind Nationalisten, Imperialisten, Kriegshetzer, Feinde des Sozialismus, Feinde der Demokratie, Würger der selbständigen Arbeiterbewegung, Arbeitermörder usw. [...] Die Sozialfaschisten handeln in der Regel wie die Faschisten, aber sie tun ihr faschistisches Werk nicht mit offenem Visier, sondern arbeiten hinter einem Nebelrideau, wie man es im Krieg anwendet. Das gehört zum Wesen des Sozialfaschismus: Imperialistische Politik im Namen des Internationalismus, kapitalistische Politik im Namen des Sozialismus, Abbau der demokratischen Rechte der Werktätigen im Namen der Demokratie, Abbau im Namen des Reformismus, Arbeitermörderpartei im Namen der Arbeiterpolitik usw. [...]. Die Ziele der Faschisten und Sozialfaschisten sind dieselben, der Unterschied besteht in den Losungen und teilweise auch in den Methoden.»[39]

Gemeinsame antifaschistische Aktivitäten der Arbeiter*innen-Parteien waren durch diese fatale Fehleinschätzung der Kommunist*innen somit bis auf Weiteres ausgeschlossen. Ferner kam für die Linke erschwerend hinzu, dass im März 1930 die

Regierung unter dem sozialdemokratischen Reichskanzler Hermann Müller zerbrach und sich durch die anschließende Etablierung der Präsidialkabinette das Kräfteverhältnis weiter nach rechts verschob. Bei der Reichstagswahl im September 1930 konnte die NSDAP mit 18,3% der Stimmen enorm zulegen und zur zweitstärksten Partei im Parlament aufsteigen. Der Erfolg der Nationalsozialist*innen wurde zudem durch den Straßenterror ihrer Kampfverbände wie der seit 1920 bestehenden Sturmabteilung (SA) und der ursprünglich als Hitlers ‹Leib- und Prügelgarde›[40] im Jahr 1925 gegründeten Schutzstaffel (SS) flankiert. Obwohl der Versailler Vertrag neben der Begrenzung der deutschen Reichswehr auf 100 000 Streitkräfte ebenso ein Verbot nichtstaatlicher paramilitärischer Organisationen vorschrieb, existierten neben den Kampfverbänden der NSDAP noch einige weitere rechte beziehungsweise faschistische Wehrverbände wie der ‹Stahlhelm›, der ‹Jungdeutsche Orden›, der ‹Wehrwolf› oder die ‹Organisation Consul› (O. C.), die größtenteils aus ehemaligen Freikorps entstanden waren.[41]

Paramilitärische Kampfverbände existierten jedoch nicht nur im rechten und faschistischen, sondern ebenso im linken und linksradikalen politischen Spektrum. Die bekanntesten Beispiele dafür sind der ‹Reichsbanner Schwarz-Rot-Gold›, die ‹Eiserne Front›, der ‹Rotfrontkämpferbund› (RFB) oder der später daraus entstandene ‹Kampfbund gegen den Faschismus› (KGF): Der Rotfrontkämpferbund war der paramilitärische Wehrverband der KPD, der im Juli 1924 unter Leitung des Parteivorsitzenden Ernst Thälmann in Halle an der Saale aus den ‹Proletarischen Hundertschaften› entstanden war und zu dessen Beitritt alle ‹klassenbewussten› Arbeiter*innen aufgerufen wurden. Zu den Erkennungssymbolen zählten eine rote Armbinde, ein fünfzackiger roter Stern und eine geballte Faust, die stete Kampfbereitschaft signalisieren sollte. Neben einer paramilitärischen

Ausbildung erhielten die in ca. 1600 Ortsgruppen organisierten Rotfrontkämpfer*innen zudem politische Schulungen in Marxismus-Leninismus. Nach dem reichsweiten Verbot des Kampfverbandes infolge des ‹Blutmais› vom Juli 1929 und dem Wahlerfolg der NSDAP vom September 1930 gründete die KPD den Kampfbund gegen den Faschismus (KGF) als Nachfolgeorganisation des Rotfrontkämpferbundes, der weiterhin versuchte, öffentlich sichtbar den Nationalsozialist*innen Paroli zu bieten. Laut Ernst Thälmann sollte der KGF «der Grundkern zur Entstehung einer breiten, parteilosen proletarischen Massenorganisation, eines Kampfbundes gegen den Faschismus [sein], der seine Tore allen parteilosen, sozialdemokratischen und christlichen Arbeitern weit öffnet, die gewillt sind, mit uns zusammen den Faschismus niederzukämpfen.»[42] Die Vorstellung einer breiten Einheitsfront aller antifaschistischen Kräfte zur Bekämpfung der Nationalsozialist*innen war zu diesem Zeitpunkt also durchaus existent.

Jedoch blieb dies nicht nur in der Politik, sondern ebenso im Bereich der paramilitärischen Kampfverbände ein frommes Wunschdenken etlicher Antifaschist*innen. Parallel zum Rotfrontkämpferbund und später dem Kampfbund gegen den Faschismus existierten auch bei den Sozialdemokrat*innen politische Wehrverbände: So hatten bereits im Jahr 1924 einige sozialdemokratische Lokalpolitiker*innen zusammen mit Vertreter*innen der Zentrumspartei und der DDP den überparteilichen Veteranen- und Kampfverband ‹Reichsbanner Schwarz-Rot-Gold› in Magdeburg ins Leben gerufen, der sich den Schutz der demokratischen Republik und ihrer Verfassung zum Ziel setzte. Bis zu seinem Verbot durch die Nationalsozialist*innen im Frühjahr 1933 hatte der Wehrverband über 1,5 Millionen Mitglieder, wodurch das Reichsbanner Schwarz-Rot-Gold die größte politische Massenorganisation der Weimarer Republik darstellte. So resolut dieser Kampfverband als ‹Schützer der Republik› gegen rechte Kräfte auftrat und zunehmend in zum Teil tödliche Konflikte mit den paramilitärischen Organisationen der NSDAP geriet, so entschieden lehnte das Reichsbanner Schwarz-Rot-Gold allerdings auch die Zusammenarbeit mit Kommunist*innen oder anderen linksradikalen Kräften ab.

Erst als zu Beginn der 1930er Jahre der Nationalsozialismus sowohl im Parlament als auch auf der Straße bedrohlich erstarkte und sich um die NSDAP die antidemokratische, nationalistische und rechtsextreme ‹Harzburger Front› formierte, reagierten die republikanischen Kräfte und riefen zum einheitlichen Kampf zur Rettung der Demokratie und zur Bekämpfung des Nationalsozialismus auf. Dazu schlossen sich die SPD, das Reichsbanner Schwarz-Rot-Gold, die Freien Gewerkschaften sowie Arbeiterturn- und Sportverbände im Dezember 1931 zur sogenannten ‹Eisernen Front› zusammen. Intellektuelle dieser Zeit wie etwa Carl von Ossietzky schätzten jedoch die Mobilisierungskraft dieses offenen Bündnisses als gering ein und dieser erklärte dazu:

> «Ein neues Schlagwort soll jetzt, nach Beendigung des weihnachtlichen Burgfriedens, seine Wirkung erweisen. Die ‹Eiserne Front› der Republikaner formiert sich. SPD, das Reichsbanner, Gewerkschaften verschiedener Richtung, republikanische Bünde, sie alle wollen sich zur Abwehr des Fascismus zusammenschließen. Die Front ist lang, daran ist kein Zweifel, wie tief sie geht, welches ihre ideellen Reserven sind, das läßt sich noch nicht leicht abschätzen. Einige Abschnitte der Front, dort wo Arbeiter stehen, verdienen wohl wirklich eisern genannt zu werden, andre sind aus biegsamerem Stoff gemacht und einige nicht besser als Pfannkuchenteig.»[43]

Erkennungszeichen der Eisernen Front waren drei von rechts oben nach links unten weisende Pfeile auf rotem Grund, für die jedoch unterschiedliche Erklärungen existierten: Eine Interpretation lautete, dass die drei parallelen Pfeile die Kampfprinzipien ‹Aktivität›, ‹Einigkeit› und ‹Disziplin› symbolisierten; es existierten allerdings auch Plakate der ‹Eisernen Front›, auf denen die drei Pfeile ein Hakenkreuz, eine Krone sowie einen Hammer und eine Sichel zerschlagen, wonach die zentralen Feindbilder dieses Bündnisses eben Faschismus, Monarchismus und Kommunismus darstellten. Tatsächlich war es Kommunist*innen verboten, dem republikanischen Zusammenschluss beizutreten, weshalb der KPD-Vorsitzende Ernst Thälmann diesen als «Terrororganisation des Sozialfaschismus»[44] bezeichnete. Da sich auch sonst keine weiteren einflussreichen Gewerkschaften oder Verbände der ‹Eiserne Front› anschlossen, blieb diese letztendlich ein SPD-dominiertes Bündnis, das keinen überparteilichen Widerstand gegen den Faschismus aktivieren konnte und nach der Machtübernahme der Nationalsozialist*innen im März 1933 schließlich verboten wurde.

Obwohl die SPD und die KPD je eigene antifaschistische Kampfbünde ins Leben riefen, standen sich die beiden linken Arbeiter*innen-Parteien weiterhin feindlich und unversöhnlich gegenüber. Überparteiliche antifaschistische Reaktionen setzten erst im Vorfeld der Reichstagswahl vom Juli 1932 ein. Im Sinne der politischen Einheitsbestrebungen gegen die erstarkenden Nationalsozialist*innen diskutierte die KPD am 23. Mai 1932, ob – entgegen der Linie der Kommunistischen Internationale – von der Praxis der ‹Sozialfaschismusthese› abzurücken sei. Bereits einen Tag später kam es im Reichstag zu einer Gewaltausschreitung zwischen der NSDAP-Fraktion und kommunistischen Politiker*innen, wodurch acht Personen schwere Verletzungen erlitten. Diesen Vorfall nahm das Zentralkomitee (ZK) der KPD zum Anlass, am 25. Mai 1932 die überparteilich angelegte ‹Antifaschistische Aktion› auszurufen. Auf Druck der Kommunistischen Internationale hielt die KPD bis zum Jahr 1935 zwar weiterhin an der ‹Sozialfaschismusthese› fest, allerdings setzte sich zunehmend die Erkenntnis durch, dass der antifaschistische Kampf nur im Zusammenschluss aller linken Kräfte erfolgreich sein könne. Die offizielle Proklamation der Antifaschistischen Aktion fand schließlich am 10. Juli 1932 in der Berliner Philharmonie auf einem Reichseinheitskongress der verschiedenen antifaschistischen Komitees vor ca. 1500 Personen statt. In dem Gründungaufruf hieß es:

> «Die Antifaschistische Aktion muß durch den organisierten roten Massenselbstschutz in breitester Einheitsfront den Mordterror des Hitlerfaschismus brechen. Die Antifaschistische Aktion muß durch den Massenkampf für eure Forderungen, für die Verteidigung der Lebensinteressen aller Werktätigen, durch die Streiks der Betriebsarbeiter, durch die Massenaktionen der Millionen Erwerbslosen, durch den politischen Massenstreik der geeinten Arbeiterklasse dem Hitlerfaschismus den Weg zur Macht verlegen! Die Antifaschistische Aktion muß alle Kräfte der Arbeiterklasse und der von ihr geführten Millionen Werktätigen in Stadt und Land zum Einsatz bringen, um der Faschisierung Deutschlands Einhalt zu gebieten, um den blutigen Plan des Hitlerfaschismus zu vereiteln, der die offene faschistische Diktatur über Deutschland aufrichten will!»[45]

‹Antifaschismus› definierte die KPD dabei nicht konkreter, sodass dieser letztendlich ein relativ konturloser und polemischer Kampfbegriff blieb, unter dem die Kommunist*innen vor allem

‹Antikapitalismus› verstanden. Die Führung der SPD und des Reichsbanners Schwarz-Rot-Gold betrachtete die Gründung der Antifaschistischen Aktion daher mit Skepsis, untersagte ihren Leuten die Beteiligung daran und drohte bei Zuwiderhandlung mit Sanktionen bis hin zum Ausschluss.[46] Der Appell des KPD-Vorsitzenden Ernst Thälmann, wonach die Antifaschistische Aktion explizit kein «kommunistischer Parteiladen», sondern «ein überparteiliches Sammelbecken für alle zum rücksichtslosen Kampfe gegen den Faschismus gewillten Arbeiter» sein sollte, stieß somit nicht auf die erhoffte Resonanz.[47]

Bei den Reichstagswahlen vom Juli 1932, die von dem brutalsten Wahlkampf in der deutschen Geschichte begleitet wurden, erhielt die NSDAP 37,3% der Stimmen und stellte damit die stärkste Partei im Parlament dar. Hitler strebte jedoch eine absolute Mehrheit an und bewirkte durch die Provokation eines Eklats, dass es bereits im November 1932 zu Neuwahlen kam. In der Zeit zwischen den beiden Reichstagswahlen riefen die linken Kräfte eindringlich zu Einheitsfrontaktionen und praktischer Solidarität zwischen den Arbeiter*innen-Parteien im Kampf gegen den Faschismus auf. Die Wochenzeitschrift *Weltbühne* schrieb am 13. September 1932: «SPD und KPD in einer gemeinsamen Front, das würde auf Hunderttausende, auf Millionen wie eine Fanfare wirken, das würde die Strömungen der Mutlosigkeit, der Passivität, der Depression unterbrechen, das würde den Beginn einer Wende bedeuten.»[48] Tatsächlich konnte die Antifaschistische Aktion in der Folge sogar einige Erfolge erzielen: Durch den Appell zu einem ‹Roten Massenselbstschutz› konnte die Einheitsfrontbewegung die Spaltung der Arbeiter*innenschaft überwinden, im November 1932 eine breite Streikwelle auslösen und dem eskalierenden Straßenterror durch die Nationalsozialist*innen Paroli bieten. Bei den Reichstagswahlen vom November 1932 verfehlte die NSDAP die absolute Mehrheit erneut und hatte mit 33,1% der Stimmen sogar Einbußen zu verzeichnen.

Letztendlich war die Antifaschistische Aktion jedoch nicht in der Lage, das Fortschreiten des Nationalsozialismus aufzuhalten, da zum Zeitpunkt ihrer Entstehung wesentliche Bedingungen für die Errichtung einer faschistischen Diktatur wie zum Beispiel der sogenannte ‹Preußenschlag› – ein zentraler Einschnitt in der autoritären Entwicklung der Präsidialregierungen am Ende der Weimarer Republik – bereits erfolgt waren. Die politischen Gegensätze und Feindschaften zwischen den Arbeiter*innen-Parteien waren letztendlich zu groß und die Gräben in der Arbeiter*innen-Bewegung zu tief, als dass die Antifaschistische Aktion als letzter Versuch einer breiten Einheitsfront gegen Rechts noch hätte wirken können.[49] Über diese fatale Erfahrung schrieb der kommunistische Widerstandskämpfer Peter Gingold in seinen Erinnerungen: «1933 wäre verhindert worden, wenn alle Hitlergegner die Einheitsfront geschaffen hätten. Dass diese nicht zustande kam, dafür gab es für die Hitlergegner in der Generation meiner Eltern nur eine einzige Entschuldigung: Sie hatten keine Erfahrung, was Faschismus bedeutet, wenn er einmal an der Macht ist».[50]

Die NS-Diktatur und der Widerstand

In den Jahren 1933/34 kulminierte schließlich der nationalsozialistische Machteroberungsprozess. Unter der Führung Adolf Hitlers war es der NSDAP gelungen, die Weimarer Republik – samt ihren Grundprinzipien wie Föderalismus, Gewaltenteilung, Parlamentarismus, Pluralismus und individuellem Rechtsschutz – auf legalem Weg zu beseitigen und eine Diktatur zu errichten. Am 30. Januar 1933 wurde Adolf Hitler zum Reichskanzler ernannt; am 28. Februar kam es zum Erlass der ‹Reichstagsbrandverordnung›, wodurch die wesentlichen Grundrechte der Weimarer Verfassung außer Kraft gesetzt und unbeschränkte Machtverhältnisse für die NSDAP etabliert wurden. Bei der von nationalsozialistischer Propaganda und Straßenterror flankierten Reichstagswahl vom 5. März erzielte die NSDAP eine parlamentarische Regierungsmehrheit, während viele Protagonist*innen der linken Parteien im Gefängnis saßen, ins Exil geflüchtet waren oder im Untergrund lebten. Am 23. März stimmte der Reichstag für das ‹Ermächtigungsgesetz› ab, das der Reichsregierung die legislative Gewalt übergab und ein entscheidender Schritt zur Abschaffung der Republik war; anschließend fand in fast allen Lebensbereichen eine teils erzwungene und teils freiwillige Gleichschaltung statt und mit dem ‹Gesetz gegen die Neubildung von Parteien› vom 14. Juli 1933 wurde der Einparteienstaat begründet. Mit der Übertragung der bisherigen Befugnisse des Reichspräsidenten auf den Reichskanzler und den Eid der Armeeführung auf die Person Hitler am 2. August 1934 hatte sich die totalitäre Führerdiktatur der Nationalsozialist*innen endgültig konsolidiert, obwohl die Weimarer Verfassung bis zum Ende der NS-Herrschaft im Jahr 1945 formal fortexistierte.

«Wer Hitler wählt, wählt den Krieg!» – Diese Warnung hatte der KPD-Vorsitzende Ernst Thälmann bereits im Jahr 1933 ausgesprochen und tatsächlich kam es nach der Konsolidierung der faschistischen Diktatur zur schrittweisen und offensichtlichen Expansion der Kriegspolitik.[51] Nach dem Anschluss Österreichs im März und dem Abtreten des Sudetenlandes von der Tschechoslowakei an das Deutsche Reich im September 1938 überfiel die deutsche Wehrmacht am 1. September 1939 Polen und begann damit den Zweiten Weltkrieg. Es folgten unter anderem die Besetzung Dänemarks und Norwegens, der Beginn der Westoffensive samt Einmarsch in die neutralen Benelux-Länder und der Luftkrieg mit Großbritannien im Jahr 1940. Am 22. Juni 1941 überfiel Deutschland die Sowjetunion (‹Unternehmen Barbarossa›) und nach einer japanischen Attacke auf den US-Flottenstützpunkt Pearl Harbour am 7. Dezember 1941 traten auch die USA in den Zweiten Weltkrieg ein. Nach verstärkten alliierten Luftangriffen auf Deutschland 1942, der Kapitulation der deutschen Armee in Stalingrad im Februar 1943, der Landung der Alliierten in der Normandie im Juni 1944 und dem Beginn der sowjetischen Großoffensive auf Berlin im Januar folgte am 7./8./9. Mai 1945 die bedingungslose Kapitulation der Wehrmacht. Nach Atombombenabwürfen der USA auf Hiroshima am 6. August und Nagasaki am 9. August endete der Zweite Weltkrieg mit der Kapitulation Japans am 2. September 1945.

So lassen sich die weltgeschichtlichen Ereignisse recht knapp zusammenfassen, die in ihren Dimensionen alles Bisherige überschreiten: Über 60 Staaten weltweit waren entweder direkt oder indirekt in den Zweiten Weltkrieg von 1939 bis 1945 involviert. Schätzungen zufolge kamen bei den Kampfhandlungen zu Lande, auf See und im Luftkrieg über 60 Millionen Menschen ums Leben. Der Holocaust, der Genozid an den europäischen Sinti und Roma sowie weitere Kriegsverbrechen, Massenmorde und Zwangsarbeiten forderten ca. weitere 20 Millionen Todesopfer.[52] Der britische Historiker Ian Kershaw urteilt deshalb: «Dieser Krieg war ein historisch beispielloser Angriff auf die Menschlichkeit, eine Zerstörung aller kulturellen Ideale, die die Aufklärung hervorgebracht hatte, ein Absturz, wie es ihn bis dahin nicht gegeben hatte. Er war Europas Armageddon.»[53]

Nur eine kleine Minderheit der deutschen Bevölkerung hatte den Mut, sich der NS-Diktatur, dem Zweiten Weltkrieg und dem Holocaust entgegenzustellen: Die Motive der jeweiligen Individuen, Gruppen und Institutionen unterschieden sich dabei durchaus. Es gab anarchistische, christliche, kommunistische, sozialdemokratische oder sozialistische Widerständler und ihr Verhalten reichte von nonkonformen Überzeugungen bis hin zu konkreten Attentats- und Umsturzversuchen. Am bekanntesten sind die Gruppen ‹die Weiße Rose›, ‹die Rote Kapelle›, ‹der Kreisauer Kreis›, ‹die Edelweißpiraten›, ‹die Swing-Jugend› und der Oppositionskreis der Wehrmacht um Claus Schenk Graf von Stauffenberg sowie die Einzelpersonen Dietrich Bonhoeffer, Bernhard Lichtenberg, Georg Elser, Gertrud Luckner und Oskar Schindler, wobei noch viele weitere ‹unbesungene Held*innen› im Widerstand gegen das NS-Regime und den Faschismus existierten, die zum Beispiel Juden und Jüdinnen versteckten, Sabotageaktionen durchführten, Flugblätter verteilten oder anderweitig im Kleinen passive Resistenz praktizierten.

Im Hinblick auf den historischen Kampfbegriff ‹Antifaschismus› ist dabei zu bemerken, dass sich die deutsche antifaschistische Bewegung insbesondere ab dem Beginn des Zweiten Weltkrieges in einer Eigenschaft von antifaschistischen Strömungen in anderen Ländern unterschied: Während die Antifaschist*innen in den vom Deutschen Reich überfallenen Staaten für den militärischen Sieg der eigenen Streitkräfte und somit für die Befreiung des eigenen Territoriums von der deutschen Besatzung kämpften, setzten sich die deutschen Antifaschist*innen für die Niederlage der deutschen Wehrmacht und den Sturz der NS-Diktatur ein, weshalb sie aus Sicht des Regimes und weiten Teilen der Bevölkerung ‹Vaterlandsverräter*innen› waren. Deutscher Antifaschismus war demnach ‹antipatriotisch›, der in den besetzten Ländern dagegen ‹patriotisch›.[54]

Trotz eines in der Gesamtschau sehr facettenreichen Bildes vom antifaschistischen Widerstand gegen die NS-Diktatur und der Tatsache, dass sich tausende Menschen dem Regime äußerst couragiert entgegenstellten, hatten diese Bemühungen letztendlich keinen Erfolg. Im Großteil der deutschen Bevölkerung waren die Identifikation mit dem nationalsozialistischen Regime, die Anpassung an das System und die politische Resignation zu stark, als dass der antifaschistische Widerstand die Diktatur hätte stürzen oder das Ende des Krieges erzwingen können.

2. Antifaschismus seit dem Ende des Zweiten Weltkrieges

Für die antifaschistische Linke hatten die NS-Diktatur, der Zweite Weltkrieg und der Holocaust Konsequenzen wie kein anderes historisches Ereignis: Bis heute bezieht sich die Motivation und «Gesellschaftsanalyse der antifaschistischen Linken» daher auf «[d]ie absolute Niederlage gegen die Nazis», die «Empathie mit den Opfern» der Diktatur, die «Konzentrations- und Vernichtungslager», aber auch das «Fortleben antisemitischer und rassistischer Stereotype sowie eines deutschen Opfermythos nach 1945.»[1]

Staatliche antifaschistische Richtlinien nach 1945

Nach dem Ende des Zweiten Weltkrieges hatten die alliierten Besatzungsmächte einen erheblichen Einfluss auf die Gestaltung des neuen Deutschlands. Weltanschauliche Grenzen zunächst außer Betracht lassend hatte die Anti-Hitler-Koalition – bestehend aus den drei Militärmächten Großbritannien, Sowjetunion und USA – die NS-Diktatur am 7./8. Mai 1945 zur bedingungslosen Kapitulation gezwungen, weshalb das Eingreifen der Hauptalliierten den Charakter eines ‹antifaschistischen Befreiungskrieges› hatte. Das Bekanntwerden der nationalsozialistischen Verbrechen sowie die persönlichen Berichte aus dem antifaschistischen Widerstand verstärkten zusätzlich die Entschlossenheit, aus den Erfahrungen aus dem NS-Regime fundamentale Konsequenzen zu ziehen und die Wiederkehr des Faschismus samt all der daraus resultierenden ‹Zivilisationsbrüche› für die Zukunft auszuschließen. Die politische Neuordnung Deutschlands war demnach zunächst von einem ‹antifaschistischen Konsens› geprägt.[2]

Die Basis für die am 23. Mai 1949 gegründete Bundesrepublik Deutschland (BRD) bildete das Grundgesetz (GG), das neben dem Schutz der Freiheit der Einzelnen, der Garantie der Menschenwürde, der Gleichbehandlung aller Bürger*innen und der strengen Kontrolle der Gewaltenteilung auch einen ‹antifaschistischen Grundgestus› aufweist. Vor allem der als «Partisanenprofessor im Lande der Mitläufer»[3] bezeichnete Politologe Wolfgang Abendroth betont in seiner ‹sozial-demokratischen Lesart› des Verfassungstextes stets die darin enthaltenen ‹antifaschistischen Normen›: In erster Linie nennt er dabei die ‹Ewigkeitsklausel› des Art. 79, Abs. 3, die eine Bestandsgarantie für verfassungspolitische Grundsatzentscheidungen darstellt, wodurch verhindert werden soll, dass «jene Formen scheinlegaler Auflösung der Verfassung, denen die Weimarer Reichsverfassung seit 1930 und endgültig 1933 zum Opfer gefallen ist, sich wiederholen».[4] Die Basis für den Entstehungsprozess des Grundgesetzes ist demnach ein antifaschistischer Grundkern, der seinen Ausdruck in Art. 139 findet: «Die zur ‹Befreiung des deutschen Volkes vom Nationalsozialismus und Militarismus› erlassenen Rechtsvorschriften werden von den Bestimmungen dieses Grundgesetzes nicht berührt.»

Ferner beruft sich Abendroth in seiner Betrachtungsweise unter anderem auf Art. 9, Abs. 2, wonach «Vereinigungen, deren Zwecke oder deren Tätigkeit den Strafgesetzen zuwiderlaufen oder die sich gegen die verfassungsmäßige Ordnung oder gegen den Gedanken der Völkerverständigung richten, [verboten sind]», sowie auf Art. 21, Abs. 2, der ein Parteienverbot für solche Parteien erlaubt, welche sowohl die freiheitliche demokratische Grundordnung als auch den Bestand der Bundesrepublik Deutschland zu beeinträchtigen oder zu beseitigen versuchen. Den Art. 18, der zentrale Grundrechte wie zum Beispiel die Freiheit der Meinungsäußerung (Art. 5, Abs. 1), die Lehrfreiheit (Art. 5, Abs. 3), die Versammlungsfreiheit (Art. 8), oder das Asylrecht (Art. 16a) stärken soll, interpretiert der Politikwissenschaftler ebenso wie Art. 25 (Verpflichtung auf das Völkerrecht) und Art. 26 (Verbot eines Angriffskrieges) vor allem als Reaktion auf die NS-Diktatur und den Faschismus. Im Kern ist das Grundgesetz demnach eine «Gegenverfassung zum Faschismus»[5].

Neben dem Grundgesetz war überdies die Gründung und das Wirken des Bundesverfassungsgerichts (BVerfG) von zentraler Bedeutung für die Etablierung staatlicher antifaschistischer Richtlinien und die politische Gestaltung der Bundesrepublik Deutschland nach dem Ende des Zweiten Weltkrieges. So verbot das Karlsruher Gericht als ‹Letztinterpret der Verfassung› am 23. Oktober 1952 die neonazistische Sozialistische Reichspartei (SRP) aufgrund ihrer offenen Bezugnahme auf die NSDAP. Einen enormen Stellenwert hat dieses Urteil in der Geschichte der Bundesrepublik auch deswegen, weil das Bundesverfassungsgericht in seiner Begründung zum SRP-Verbot erstmals höchstrichterlich den Kern des Gemeinwesens und der bundesdeutschen Demokratie – die freiheitlich demokratische Grundordnung (fdGO) – definierte, zu deren Grundprinzipien unter anderem die folgenden Charakteristika zählen: «Die Achtung vor den im Grundgesetz konkretisierten Menschenrechten, vor allem vor dem Recht der Persönlichkeit auf Leben und freie Entfaltung, die Volkssouveränität, die Gewaltenteilung, die Verantwortlichkeit der Regierung, die Gesetzmäßigkeit der Verwaltung, die Unabhängigkeit der Gerichte, das Mehrparteienprinzip und die Chancengleichheit für alle politischen Parteien mit dem Recht auf verfassungsmäßige Bildung und Ausübung einer Opposition.»[6]

Im Jahr 1950 kam es ferner zum Erlass der Gesetze zum Verfassungsschutz, zum Bundeskriminalamt und zu den Bundesgrenzschutzbehörden, die allesamt die Stärkung des Inneren zur Folge hatten. Durch das erste Strafrechtsänderungsgesetz (1. StÄG) im Jahr 1951 wurden zudem die Tatbestände zu Hoch- und Landesverrat wieder beziehungsweise zu Staatsgefährdung erstmals eingeführt. Insgesamt setzte sich somit in den ersten Jahren der Bundesrepublik eine spezifische Vorstellung von Demokratie durch, die sich jedoch im Kontext des entstehenden Kalten Krieges und der antikommunistischen Feindbildkonstruktion von einem ‹antifaschistischen› zu einem ‹antitotalitären Konsens› wandelte.[7] Dass der Staat nicht nur aktiv Nationalsozialist*innen, sondern ebenso Kommunist*innen bekämpfen wollte, wurde in den Folgejahren besonders offenkundig, zum Beispiel als das Bundesverfassungsgericht im Jahr 1956 die KPD verbieten ließ. Der Begriff ‹Antifaschismus› war in der Bundesrepublik fortan sogar tendenziell negativ konnotiert, da er im Zuge der Systemkonkurrenz zwischen BRD und DDR in der ideologischen Nähe des Warschauer Paktes stand und sich dadurch zu einer Vokabel des antikommunistischen Jargons entwickelte.

In der Deutschen Demokratischen Republik dagegen war Antifaschismus – neben Demokratie, Sozialismus, Einparteiensystem und Zentralismus – konstitutiver Bestandteil der Staatsdoktrin. Aus diesem Grund erfolgte die Entnazifizierung in der Sowjetischen Besatzungszone auf den ersten Blick deutlich konsequenter und schneller als in den Zonen der anderen alliierten Siegermächte: Über eine halbe Million Funktionsträger*innen der NSDAP wurden in der Nachkriegszeit in Ostdeutschland aus dem öffentlichen Dienst entlassen und teilweise in Speziallagern interniert. Die neue politische Führung der DDR bestand aus konsequenten Antifaschist*innen und stammte größtenteils aus dem Exil oder aus den Gefängnissen. In der BRD sah sie nicht nur die Rechtsnachfolge des Deutschen Reiches, sondern sie registrierte ebenso eine Kontinuität von akademischen, ökonomischen und politischen Eliten. Die Deutsche Demokratische Republik sollte eine klare Alternative zur Entwicklung in der Bundesrepublik darstellen, weshalb Antifaschismus zu einem zentralen Element des Systemkampfes avancierte.

Dies bedeutete jedoch nicht zwangsläufig, dass die Entnazifizierung in der Sowjetischen Besatzungszone tatsächlich sorgfältiger verlief, denn im Grunde vertrat die politische Führung die Auffassung, dass die einfache Bevölkerung keinerlei Schuld an der NS-Diktatur und ihren Folgen hatte, weil sie von den politischen und wirtschaftlichen Eliten missbraucht worden und der Faschismus in erster Linie ein Instrument der Kapitalist*innen zur Machtsicherung war. Durch die Enteignung und Entmachtung der Eliten aus dem Staatsdienst war nach dieser Denkweise das nationalsozialistische Gedankengut beseitigt und die Bevölkerung von der Geschichte freigesprochen. Im Endeffekt blieb die Entnazifizierung auch in der sowjetischen Besatzungszone ein Ideal und verlief nicht signifikant tiefgreifender als in den westlichen Besatzungszonen, und im Zentrum des DDR-Staatsaufbaus stand vor allem das Ersetzen der einen Ideologie durch eine andere. Antifaschismus kann demnach durchaus als «Gründungsmythos der DDR, Abgrenzungsinstrument nach Westen und Herrschaftsmittel nach Innen»[8] bezeichnet werden und da dieser fundamentaler Bestandteil der Staatsdoktrin war, leugnete die politische Führung sowohl die Existenz als auch die Notwendigkeit von außerparlamentarischen antifaschistischen Aktivitäten und Bewegungen. Bereits im Juni 1945 erklärte der spätere

Generalsekretär des ZK der SED, Walter Ulbricht, in diesem Sinne: «Wenn die Partei eine richtige Politik betreibt, dann bleibt für antifaschistische Sekten kein Platz mehr.»[9]

Antifaschistische Organisationen und Parteien in der Bundesrepublik

Im Gegensatz zur DDR entstanden in der Bundesrepublik auf Initiative der aus Gefängnissen, Lagern oder der Emigration zurückkehrenden Antifaschist*innen schon bald nach dem Ende des Zweiten Weltkrieges erste außerparlamentarische Bewegungen, die unmittelbar Verantwortung für den Wiederaufbau und einen antifaschistisch-demokratischen Neubeginn übernehmen wollten.[10] Im Zentrum stand dabei die Frage, welche politische und soziale Grundausrichtung die Gesellschaft des «neuen Deutschlands» haben sollte. Frühere Differenzen und Spaltungen sollten vor den Realerfahrungen der faschistischen NS-Diktatur und in Anbetracht des demokratischen Neubeginns überwunden werden. Im Sinne eines ‹antifaschistischen Konsenses› – im Grunde bestehend aus den Prinzipien Demilitarisierung, Denazifizierung, Demonopolisierung, Demokratisierung, Dezentralisierung sowie Sozialstaatlichkeit, Völkerverständigung und antifaschistische Einheit – setzten sich die Aktivist*innen zum Ziel, solidarisch zusammenzuarbeiten.[11] Vier solcher Organisationen werden im Folgenden vorgestellt.

Die Vereinigung der Verfolgten des Naziregimes Bund der Antifaschistinnen und Antifaschisten (VVN-BdA)

Auf lokaler bzw. regionaler Ebene entstand als erste antifaschistische Organisation im Juni 1945 in Stuttgart die ‹Vereinigung der politisch Gefangenen und Verfolgten des Nazi-Systems›, der im September das ‹Komitee ehemaliger politischer Gefangener› in Hamburg und der ‹Bund ehemaliger politischer Gefangener› in Kassel folgte, die alle durch die Alliierten lizenziert werden mussten.[12] Ein Jahr später konnten sich die Gruppierungen auf Zonenbasis zusammenschließen und formulierten vor dem Hintergrund des sich abzeichnenden Kalten Krieges im August 1946 in Hanau den folgenden programmatischen Grundsatz: «Über alle Schichten, Konfessionen und Rassen und Parteien hinweg schließen sich die Kämpfer gegen den Nazismus und die vom Nazi-Regime Verfolgten zu einer überparteilichen Organisation, zur Vereinigung der Verfolgten des Nazi-Regimes (VVN) zusammen.»[13] Vom 15. bis 17. März 1947 fand die erste interzonale Länderkonferenz in Frankfurt am Main statt, auf der sich schließlich der gesamtdeutsche Dachverband der Organisation konstituierte.

Als Erkennungssymbol einigte sich die Vereinigung, die im Oktober 1947 bereits ca. 300 000 Mitglieder in den vier Zonen aufweisen konnte, auf den ‹Roten Winkel›, der in der NS-Diktatur das Kennzeichen von politischen Gefangenen in den Konzentrationslagern darstellte. Um ihre historische Herkunft noch expliziter zu betonen, bildeten blau-weiße Streifen als Symbol für die KZ-Häftlingskleidung den Hintergrund des Verbandszeichens. Das Leitmotiv des politischen Engagements der VVN war neben der Parole «Nie wieder Faschismus, nie wieder Krieg» insbesondere der nach der Befreiung des KZs Buchenwald von ehemaligen Inhaftierten am 19. April 1945 verlesene ‹Schwur von Buchenwald›, dessen Kerngedanke lautet: «Wir stellen den Kampf erst ein, wenn auch der letzte Schuldige vor den Richtern der Völker steht. Die Vernichtung des Nazismus mit seinen Wurzeln ist unsere Losung. Der Aufbau einer neuen Welt des Friedens und der Freiheit ist unser Ziel. Das sind wir unseren gemordeten Kameraden und ihren Angehörigen schuldig.»[14] Nach dem Verlesen des Schwures erhoben die Inhaftierten ihre Arme und sprachen: «Wir schwören.»

Fortan war die Entnazifizierung und die Bekämpfung des Faschismus das zentrale Betätigungsfeld der VVN: Die Vereinigung engagierte sich vor allem an Gedenkstätten, leistete antifaschistische Geschichtsvermittlung an Schulen und sonstigen Bildungseinrichtungen und forderte kontinuierlich Entschädigungszahlungen für die Opfer des Nationalsozialismus. Doch trotz eines allgemeinen ‹antifaschistischen Konsenses› in der Gesellschaft erkannte die VVN sehr bald die Grenzen ihres politischen Gestaltungsspielraums. In der Bundesrepublik kam es in den 1950er Jahren zur schrittweisen Westintegration, zur Remilitarisierung und zum NATO-Beitritt, wodurch sich die Spaltung Deutschlands vertiefte und sich das Siegel ‹Kommunismus› nicht nur in konservativen Kreisen zu einer Keule der innenpolitischen Repression entwickelte. Die Sozialdemokraten hatten sogar bereits vor der Gründung der beiden deutschen Staaten in einem Unvereinbarkeitsbeschluss die gleichzeitige Mitgliedschaft bei der SPD und der VVN untersagt, weil sie die Vereinigung der Verfolgten des Naziregimes für ‹kommunistisch unterwandert› hielten. Ferner stuften bundesdeutsche Behörden wie der Verfassungsschutz die VVN als ‹linksradikal› ein, starteten Kriminalisierungskampagnen und in einigen Bundesländern kam es sogar zum Verbot der Vereinigung.

In der DDR erging es der Vereinigung der Verfolgten des Naziregimes allerdings nicht besser. Obwohl der ‹Schwur von Buchenwald› die antifaschistische Legitimationsgrundlage der Deutschen Demokratischen Republik bildete, erfuhr die VVN auch dort rasch Gegenwind: So stellte Überparteilichkeit ein konstitutives Element der Organisation dar, jedoch durfte es laut der DDR-Führung «kein ‹Zwischen›, sondern nur ein ‹Entweder-Oder› in den Auseinandersetzungen zwischen Ost und West»[15] geben. Da sie dem absoluten Machtanspruch der SED dadurch potentiell im Wege stand, löste sich die VVN in der Deutschen Demokratischen Republik nach starkem Druck zur politischen Gleichschaltung im Jahr 1953 schließlich auf. Bemerkenswert ist dabei jedoch, dass die SED in den folgenden Dekaden – zunächst über die KPD, später über die DKP als zentrale Transmissionsriemen – ideologischer und finanzieller Impulsgeber für die Vereinigung der Verfolgten des Naziregimes in der Bundesrepublik war.

Dort blieb die VVN trotz juristischer und politischer Repressionen weiterhin aktiv: So war sie eine tragende Säule im jahrelangen Protest gegen den I. G.-Farben-Konzern in Liquidation, der unter anderem das Zyklon B für den industriellen Massenmord in Auschwitz produziert und dafür Zwangsarbeiter*innen eingesetzt hatte.[16] Ferner setzte sich die antifaschistische Vereinigung für Opfer des Nationalsozialismus – insbesondere auch Homosexuelle, Kriegsdienstverweigerer, Sinti und Roma – ein und erhob bereits seit ihrem Bundeskongress im Jahr 1959 in Frankfurt am Main die Forderung zur Einführung eines offiziellen Gedenktages für alle Opfer der NS-Diktatur, was erst 1996 durch die Proklamation des 27. Januar durch Bundespräsident Roman Herzog verwirklicht wurde.[17] Ab Mitte der 1960er Jahren waren es vor allem auch Mitglieder der VVN, die sich für die Errichtung einer Gedenkstätte im ehemaligen Konzentrationslager Dachau einsetzten.

Trotz eines positiven Bezugs auf das Grundgesetz gab es in dieser Zeit konstant Bestrebungen, die Vereinigung nicht nur landes-, sondern sogar bundesweit zu verbieten. Im Jahr 1964 scheiterte jedoch ein Verbotsverfahren, weil vor allem nach dem Bekanntwerden einiger NS-Kontinuitätslinien in der Bundesregierung (z. B. Theodor Oberländer und Hans Globke), den

Frankfurter Auschwitzprozessen und dem Gerichtsverfahren gegen SS-Obersturmbannführer Adolf Eichmann in Jerusalem «die offene Unterdrückung der größten Organisation von Verfolgten, Opfern und Widerstandskämpfern nicht mehr opportun»[18] erschien. Da sich durch die zunehmenden öffentlichen Diskussionen über die deutsche Geschichte im 20. Jahrhundert und die Aufarbeitung des Nationalsozialismus seit der 68er-Bewegung verstärkt junge Leute engagierten, erweiterte sich die ‹Vereinigung der Verfolgten des Naziregimes› im Jahr 1971 zum ‹Bund der Antifaschistinnen und Antifaschisten› (VVN-BdA).

In den folgenden Jahren setzte sich die Organisation unter anderem für eine Verständigungspolitik des Westens mit dem Osten, gegen den sogenannten ‹Radikalenerlass› und die daraus resultierenden Berufsverbote sowie gegen den NATO-Doppelbeschluss und die nukleare Nachrüstung ein. Ende der 1970er Jahre traten jedoch durch die ‹autonome Politik› neue Konzepte von Antifaschismus in Erscheinung, wodurch die VVN-BdA etwas von der Bildfläche verschwand. Die Geschichts- und Erinnerungsarbeit blieb jedoch weiterhin ein Schwerpunkt der Aktivitäten der VVN-BdA und sie setzte sich dafür ein, dass «die KZ-Gedenkstätten Orte der politischen Aktion zur Bewahrung des Andenkens an die Opfer und Verfolgten, zur inhaltlichen Auseinandersetzung mit Faschismus und Neofaschismus sowie zur Demonstration des organisierten Antifaschismus blieben».[19]

Als durch die friedliche Revolution in der DDR die finanzielle Unterstützung ersatzlos entfiel, kam es nach der deutschen Wiedervereinigung zu erkennbaren Neustrukturierungen der VVN-BdA, infolge derer einerseits die DKP signifikant an Einfluss verlor und sich andererseits die Organisation zunehmend für die Aktivitäten autonomer Antifaschist*innen öffnete.[20] Große Aufmerksamkeit erzielte sie insbesondere im Jahr 2007 durch die bundesweite Kampagne «nonpd – NPD-Verbot jetzt!», durch die sie ein erneutes Verbotsverfahren der rechtsextremistischen Partei initiieren wollte und dazu über 175 000 Unterschriften sammelte. 2009 folgte eine weitere Kampagne mit dem Titel «nonpd – 5000 Gründe für ein NPD-Verbot», das jedoch ebenfalls erfolglos blieb.

Zuletzt stand die VVN-BdA im November 2019 in den Schlagzeilen, weil das Berliner Finanzamt für Körperschaften I ihr den Status der Gemeinnützigkeit aberkannte und diesen Schritt damit begründete, dass der bayerische Verfassungsschutz die Organisation 2018 als «bundesweit größte linksextremistisch beeinflusste Organisation im Bereich des Antifaschismus»[21] bezeichnete. Durch die daraus resultierenden steuerlichen Nachteile und Nachzahlungen von zehntausenden Euro sieht die VVN-BdA seitdem ihre Existenz bedroht. Zwar stieß die Entscheidung des zuständigen Berliner Finanzamts auf starke Kritik und das Internationale Auschwitz Komitee nannte den Entzug der Gemeinnützigkeit sogar einen «Skandal», der «das gemeinsame europäische Engagement gegen Rechtsextremismus und Antisemitismus erheblich schwächt»[22], jedoch wies die Behörde den Einspruch der VVN-BdA vom Juni 2020 dennoch ab. Durch die Aberkennung der Gemeinnützigkeit erhielt die Organisation einen Zulauf von 1000 Antifaschist*innen, sodass die VVN-BdA aktuell ca. 7000 Mitglieder zählt. Inzwischen hat das Berliner Finanzamt eingelenkt und den Beschluss zumindest ab 2019 rückwirkend revidiert.

Die Kommunistische Partei Deutschlands (KPD) & Die Deutsche Kommunistische Partei (DKP)

«Ja, warum sind denn Kommunisten in diesem Verein? Weil sie die Ersten waren, die von der NSDAP verfolgt worden sind! Viele sind in Gefängnissen und Konzentrationslagern umge-

> bracht worden. Sie gehörten zu den wenigen, die gegen die Nazis gekämpft haben. Natürlich sind Kommunisten im VVN, doch das darf doch nicht der Grund sein, uns die Gemeinnützigkeit zu entziehen. Was kann gemeinnütziger sein als Antifaschismus? Es ist eine Arbeit für die Gesellschaft.»[23]

Mit diesen Worten der Entrüstung reagierte die Holocaust-Überlebende Esther Bejarano auf die Begründung des Berliner Finanzamtes zum Entzug der Gemeinnützigkeit der VVN-BdA und sie erläutert damit ebenso, weshalb sich in der Organisation seit jeher ein erheblicher Anteil an Kommunist*innen befindet. Allein die Tatsache, dass die Kommunistische Partei Deutschlands im Jahr 1932 die Antifaschistische Aktion ausrief, verweist auf einen traditionellen Konnex zwischen Antifaschismus und Kommunismus.

Aus diesem Grund war die KPD in der sowjetischen Besatzungszone die erste wieder zugelassene Partei nach dem Ende des Zweiten Weltkrieges im Jahr 1945. In Bayern war dies ebenso der Fall, wo die fast ausschließlich aus NS-Verfolgten bestehende Kommunistische Partei 1945/56 kurzfristig sogar an der Landesregierung beteiligt war. Jedoch verlor die KPD im Zuge des sich abzeichnenden Kalten Krieges und den daraus resultierenden antikommunistischen Ressentiments bundesweit bald an Bedeutung, bevor sie kurz darauf in beiden deutschen Staaten aufhörte zu existieren: In Ostdeutschland kam es bereits im Frühjahr 1946 zur Zwangsvereinigung der KPD mit der SPD zur Kader- und Staatspartei SED und in Westdeutschland ließ das Bundesverfassungsgericht die kommunistische Partei aufgrund von Verfassungswidrigkeit am 17. August 1956 verbieten und ihr Vermögen beschlagnahmen. In einigen Bundesländern wie beispielsweise in Bayern bestand die KPD jedoch auf illegale Weise fort.

Erst durch die einsetzende Entspannungspolitik zwischen den

beiden deutschen Staaten und einem im Kontext der Studentenbewegung liberalisierten Zeitgeist konnten ehemalige Funktionär*innen der KPD am 27. September 1968 eine ‹Nachfolgepartei›, die Deutsche Kommunistische Partei (DKP), ins Leben rufen. Trotz des Entstehens vieler ‹Neuer Sozialer Bewegungen› und einer ‹Neuen Linken› infolge der 68er-Bewegung konnte die neu konstituierte DKP allerdings keine nennenswerten Erfolge bei Wahlen erzielen. Am meisten Einfluss auf die Gesellschaft hatte die Partei im Zuge des NATO-Doppelbeschlusses und der Nachrüstungskontroverse, als sie den sogenannten ‹Krefelder Appell› zur Verhinderung der Raketenstationierung in der Bundesrepublik lancierte, den in den 1980er Jahren bis zu vier Millionen Friedensbewegte unterzeichneten. Ihre starke finanzielle, ideologische und politische Abhängigkeit von der DDR machte die DKP jedoch zu einem «Interventionsapparat der SED» und alle ihre legitimen Forderungen und Kampagnen – für Abrüstung, Antifaschismus, Arbeitszeitverkürzung, Demokratisierung, Entspannungspolitik etc. – sind im Kontext dieser Dependenz zu betrachten.[24]

Nach dem Zusammenbruch des Ostblocks und des ‹real existierenden Sozialismus› sowie der ausbleibenden Finanzierung durch die DDR rutschte die DKP jedoch in eine existenzielle Krise, in der sie sich im Grunde bis zur Gegenwart befindet. Stets gibt es interne Konflikte zwischen Reformer*innen und Traditionalist*innen, aber letztendlich behält die Partei ihren marxistisch-leninistischen Kurs auf revolutionärer Basis weiterhin bei, weshalb sie vom Verfassungsschutz beobachtet und von einigen Politikwissenschaftler*innen als ‹linksextremistisch› eingestuft wird. Antifaschismus ist nach wie vor ein zentrales Betätigungsfeld der KPD und zum nationalen Feier- und Gedenktag zum Ende des Zweiten Weltkrieges am 8. Mai 2020 erklärte der Parteiverband Brandenburg über die Parteizeitung *Unsere Zeit*:

«75 Jahre später ist es also an der Zeit, den Schwur der Häftlinge des KZs Buchenwald vom 19. April 1945 wieder auf die Tagesordnung zu setzen: ‹Die Vernichtung des Nazismus mit seinen Wurzeln ist unsere Losung. Der Aufbau einer neuen Welt des Friedens und der Freiheit ist unser Ziel.› Nie wieder Krieg – nie wieder Faschismus!»[25] In Anbetracht eines solchen Traditionsbewusstseins wird der DKP nicht selten das Label ‹konservativste› Vertreterin des ‹traditionellen Antifaschismus›[26] etikettiert. Jedoch schwindet ihr Einfluss kontinuierlich: Hatte die DKP kurz vor dem Kollaps der DDR als «antifaschistisches Stand- und Spielbein»[27] der SED noch ca. 35 000 Parteimitglieder, so sind es inzwischen nur noch rund 3500.

Der Kommunistische Bund (KB)

Infolge der Studentenbewegung und der Genese einer ‹Neuen Linken› kam es im radikalen Spektrum nicht nur zur Gründung der DKP, sondern es entstand 1971 aus den K-Gruppen ebenso der relativ stark organisierte Kommunistische Bund (KB). Dies war ihrem Selbstverständnis nach eine von norddeutschen Schüler*innen und Lehrlingen gegründete antifaschistische, antikapitalistische, antinationale und antiimperialistische Vereinigung, die sich ‹revolutionäre Realpolitik› auf die Fahnen schrieb und dazu direkt in tagespolitischen Konflikten intervenierte.[28] In traditionell kommunistischer Denkweise betonte der KB in seinem Politaktivismus stets, dass die soziale und wirtschaftliche Basis des Faschismus der Kapitalismus sei, und erläuterte dazu in dem Schreiben ‹Kampf dem Faschismus› aus dem Jahr 1973: «Deshalb kann es sich bei der Frage der ‹Ausrichtung› des antifaschistischen Kampfes nur darum handeln, ihn engstens zu verbinden mit dem Kampf gegen das politische und soziale System des Kapitalismus selbst.»[29]

Besonders charakteristisch war für den Kommunistischen Bund ferner, dass dieser nicht auf staatliche und bürgerliche Schritte zur Bekämpfung von (Neo-)Faschismus vertraute, sondern stattdessen selbst die Initiative gegen rechte und rechtsextreme Aktivitäten ergreifen wollte. Vor allem in Norddeutschland entstanden in den 1970er Jahren zahlreiche autonome Gruppierungen, die rechten Strukturen nachspürten, akribisch antifaschistische Aufklärungsarbeit leisteten und kontinuierliche Praxis gegen (Neo-)Nazis entwickelten. Dabei ließ der KB sowohl einen sehr konfrontativen als auch sehr kooperativen Charakter erkennen: Einerseits rief er konsequent zu antifaschistischen Aktionsformen auf, die nicht selten in direkten Gewaltausschreitungen mit den (Neo-)Nazis sowie den sie schützenden Polizist*innen kulminierten; andererseits besaß der KB eine große Offenheit für eine breite antifaschistische Bündnispolitik, indem er beispielsweise stark für das erste ‹Rock-gegen-Rechts-Festival› als Reaktion auf ein sogenanntes ‹Deutschlandtreffen› der NPD 1979 in Frankfurt am Main mobilisierte, zu dem schließlich ca. 50 000 Besucher*innen kamen.[30]

So erfolgreich der Kommunistische Bund darin war, die antifaschistische Bewegung mit der alternativen Kunst- und Kulturszene aktiv in Verbindung zu bringen, ebenso schwach war jedoch seine ideologische Anschlussfähigkeit für ein breites Gesellschaftsspektrum. In erster Linie lag dies daran, dass der KB in den 1970er Jahren die sogenannte ‹Faschisierungsthese› entwickelte, wonach sich die Bundesrepublik spätestens seit der Erschießung Benno Ohnesorgs am 2. Juni 1967 nicht mehr im ‹Post-›, sondern in einer Phase des ‹Präfaschismus› befinde. Westdeutschland sei demnach im Begriff, sich von einer bürgerlich-liberalen Gesellschaft in einen autoritär-faschistischen Staat zu verwandeln. Insofern bereitete die ‹Faschisierungsthese› einen ideologischen Nährboden für den Terrorismus der Roten Armee

Fraktion (RAF) und weitere linksextreme Zerfallsprodukte der 68er-Bewegung. Als der Staat darauf in den 1970er Jahren teilweise überaus drastisch – z. B. durch eine kriegerische Rhetorik, durch Sondergesetze sowie durch repressive Instrumente von Polizei und Justiz – reagierte und in den 1980er Jahren die Kritik des Geschichtsrevisionismus an der Regierung unter Bundeskanzler Helmut Kohl aufkam, sah sich der KB in seiner ‹Faschisierungsthese› bestätigt. Im Grunde stellt sie jedoch eine eklatante Relativierung des deutschen Faschismus, der NS-Diktatur und der industriellen Ermordung von Millionen Menschen in Konzentrations- und Vernichtungslagern dar.

Aus diesem Grund und weil der Kommunistische Bund ferner in antiimperialistischer Tradition die USA und die NATO als zentrales Feindbild konstruierte und im Gegenzug der Sowjetunion und dem Warschauer Pakt eine weltpolitisch fortschrittliche Rolle zuschrieb, konnte die Organisation bei aller bündnispolitischen Offenheit im Kampf gegen Faschismus keine überparteiliche Breitenwirkung entfalten. Jedoch war es gar nicht Teil ihres Selbstverständnisses, in bürgerliche Sphären hineinzuwirken, da das erklärte Fernziel die Beseitigung der aktuellen Herrschaftsverhältnisse und die Einführung des Sozialismus war. In dem Schreiben ‹Kampf dem Faschismus› erläuterte der Kommunistische Bund diesbezüglich: «Es ist aber gerade das Kennzeichen des bürgerlichen Antifaschismus, die ökonomischen und sozialen Grundlagen unangetastet lassen zu wollen. Sein Boden ist der Boden der bürgerlichen Ordnung. Unter solch einer Orientierung erhebt sich notwendigerweise die Verhinderung der faschistischen Diktatur als eigenständiges Etappenziel, hinter dem die Erkämpfung des Sozialismus verschwindet.»[31]

Trotz solcher Positionen, durch die sich der KB letztendlich breitere Gesellschaftsakzeptanz verbaute, hatte die Organisation doch einen nachhaltigen Einfluss auf die antifaschistische Bewegung in der Bundesrepublik: Entsprechend dem Leitspruch ‹Schlagt die Faschisten, wo ihr sie trefft› betrieb und etablierte der Kommunistische Bund eine bis dato unbekannt konfrontative Praxis gegen rechte Aktivitäten und Strukturen. Der direkte Konflikt mit (Neo-)Faschisten und die Be- bzw. Verhinderung von (Neo-)Nazis stellten das zentrale Betätigungsfeld für den KB dar und das hatte in dieser Form durchaus avantgardistischen Charakter für die späteren autonomen Antifa-Gruppen. Da der Kommunistische Bund ebenso eine Vorreiterrolle bei der Erkennung neuer Themen der radikalen Linken abseits der traditionellen Arbeiter*innen-Bewegung wie etwa der Geschlechterfrage oder dem Einsatz neuer Technologien hatte, bezeichnete der Politikwissenschaftler Georg Fülberth die Organisation in einem Nachruf in der linken Zeitschrift *konkret* im Jahr 1991 als «linkes Trüffelschwein».[32]

Im Laufe der 1980er Jahre waren jedoch bereits einige Konfliktlinien innerhalb der Reihen des Kommunistischen Bundes entstanden, die zum Ende der Dekade und vor allem durch den Niedergang der DDR und der Frage über die deutsche Wiedervereinigung vollends aufbrachen: Zum einen entwickelten sich zunächst Differenzen, weil einige jüdische Aktivist*innen auf antizionistische und antisemitische Tendenzen innerhalb des KB verwiesen. Zum anderen tobte ebenso ein erbitterter interner Streit um die Strukturen der Organisation, die von vielen als undemokratisch und verknöchert beschrieben wurden. Der KB-Gründer Heiner Möller bewertete den Apparat als desolat und festgefahren und erklärte: «[Ich betrachte] eine Demokratisierung unserer Arbeit für notwendig, wenn wir nicht in der völligen Erstarrung versinken wollen».[33] Schließlich zerbrach der Kommunistische Bund aber endgültig an seiner Einstellung zum Beitritt der DDR zur BRD im Jahr 1990: Eine KB-Fraktion erkannte die deutsche Wiedervereinigung an und fuhr einen pragmatischen Kurs, indem sie sich etwa durch eine Zusammenarbeit mit der PDS auf Themen wie die soziale Frage in der Deutschen Einheit fokussierte. Eine andere Fraktion des Kommunistischen Bundes betrieb dagegen Fundamentalopposition und warnte unter der Parole «Nie wieder Deutschland!» vor einer deutschen Großmacht und einem ‹Vierten Reich›. Für sie bedeutete die deutsche Wiedervereinigung im Grunde eine Revision der Ergebnisse des Zweiten Weltkrieges und einen späten Sieg für Deutschland.[34] Letztendlich erwiesen sich diese Differenzen als unüberbrückbar, sodass sich der KB im April 1991 auflöste. Aus dem fundamentaloppositionellen Lager entwickelte sich daraufhin die Strömung der ‹Antideutschen›.

Die Linke und Die Linksjugend

Eine Partei, die dem Antifaschismus in ihrer Programmatik viel Platz einräumt, ist die aus der SPD-Abspaltung *Arbeit & soziale Gerechtigkeit – Die Wahlalternative* (WASG) und der *Linkspartei. PDS* im Jahr 2007 entstandene *DIE LINKE*. Bereits auf ihrem ersten Parteitag am 24./25. Mai 2008 in Cottbus betonte sie in einer Erklärung, dass Antifaschismus ein wesentlicher Bestandteil ihres Selbstverständnisses sei: «Wir wollen Rechtsextremismus in all seinen Facetten bekämpfen. Dazu unterstützen wir Initiativen, Projekte und Organisationen, die die demokratische Zivilgesellschaft stärken und den öffentlichen Raum gegen Neo-Faschisten verteidigen.»[35] Neben der Vorstellung von einem demokratischen Sozialismus, einem strikten Antimilitarismus und konsequenter Ökopolitik stellt der Antifaschismus insofern eine zentrale Säule in der Ausrichtung der Linkspartei dar, woraus sich auch eine entschiedene Gegnerschaft zu den USA – als Vormacht des Kapitalismus – als weiteres bestimmendes Charakteristikum ergibt.[36]

In ihrem Parteiprogramm aus dem Jahr 2011 schenkte die Linke dem Antifaschismus ebenfalls besonders viel Bedeutung und erhob diesen zur Grundhaltung der Partei, wozu sie erklärte:

> «Für uns bedeutet das: Zurückdrängen aller extrem rechten, rechtspopulistischen und rassistischen Ideologien, Parteien und Bewegungen, Bekämpfung aller althergebrachten und neuen Formen des Antisemitismus, die Auseinandersetzung mit Geschichtsrevisionismus und mit allen Ideologien, die von Ungleichwertigkeit der Menschen ausgehen, sowie die Pflege des politischen, wissenschaftlichen und kulturellen Erbes der antifaschistischen Bewegung.»[37]

Des Weiteren verwies die Partei darin auf ihre linksdemokratischen Positionen und Traditionen aus der sozialdemokratischen und kommunistischen Arbeiterbewegung sowie aus feministischen und anderen emanzipatorischen Bewegungen und erläuterte, dass sie ihre «politische[n] Erfahrungen aus der Deutschen Demokratischen Republik und der Bundesrepublik Deutschland» bündele.[38] Vor diesem historischen Hintergrund und der intensiven Auseinandersetzung mit der deutschen Geschichte spricht sich die Linke seitdem resolut gegen eine Gleichsetzung linker Denkweisen mit faschistischem Gedankengut aus, wie es etwa die vom Bundesministerium des Innern und dem Bundesamt für Verfassungsschutz vertretene ‹Extremismustheorie› bzw. das ‹Postulat der Äquidistanz› diktiert.

Nicht nur im Parlament, sondern auch bei außerparlamentarischen Aktivitäten möchte die Linke ihre antifaschistische Grundeinstellung zum Ausdruck bringen: Beispielsweise setzt sich die Partei kontinuierlich für eine ursprünglich aus der Gewerkschaft der Polizei (GdP) stammende Forderung von 1994 ein, welche bereits die Vorläuferpartei, die Partei des Demokratischen Sozialismus (PDS), ab 2001 durch einen Gesetzesentwurf im Deutschen Bundestag forcierte: Die Parteifraktion wollte darin den Art. 26, Abs. 1 GG, der eine Politik, ‹die das friedliche Zusammenleben der Völker stört oder mit der ein Angriffskrieg vorbereitet wird, zu einem verfassungswidrigen Unterfangen erklärt und es unter Strafe stellt›, um eine sogenannte ‹antifaschistische Klausel› ergänzen.[39] Konkret sollte der novellierte Passus ausdrücklich bestimmen, dass die Wiederbelebung nationalsozialistischen Gedankenguts verfassungswidrig ist. Der Gesetzesartikel sollte demnach folgendermaßen lauten:

> «Handlungen, die geeignet sind und in der Absicht vorgenommen werden, das friedliche Zusammenleben der Völker zu stören, insbesondere die Führung eines Angriffskrieges vorzubereiten, oder nationalsozialistisches Gedankengut wieder zu beleben, sind verfassungswidrig. Sie sind unter Strafe zu stellen.»[40]

Die Forderung für die ‹antifaschistische Klausel› stieß jedoch auf keine Zustimmung bei den anderen Parteien des Bundestages: Für den CDU-Parlamentarier Wolfgang Götzer war die Gesetzesinitiative ein Ausdruck für die «nicht überwundene kommunistische Ideologie der PDS», die er einfach abgelehnt sehen wollte; Rainer Funke von der FDP erklärte, dass die Klausel «am Problem des Rechtsextremismus überhaupt nichts ändert»; aber auch Vertreter*innen von Parteien links der Mitte, wie zum Beispiel die Sozialdemokratin Erika Simm, reagierten distanziert auf die Forderung und vertraten die Ansicht, «dass das Grundgesetz als Ganzes eindeutig antifaschistisch ist»; der Grünen-Politiker Volker Beck kritisierte die PDS sogar dafür, dass sie offensichtlich nicht verstanden habe, dass das Grundgesetz «die Negation des

Nationalsozialismus» sei.[41] Die Bundestagsparteien gaben zwar Bekenntnisse ab, Rechtsextremismus politisch bekämpfen zu wollen, die Gesetzesinitiative wiesen sie jedoch trotz eines signifikanten Erstarkens der NPD zurück.

Auf Bundesebene konnten die kontinuierlichen Bestrebungen der Linkspartei, die ‹antifaschistische Klausel› in das Grundgesetz zu integrieren, bis dato keinen Erfolg erzielen. In Sachsen-Anhalt jedoch arbeiteten kurze Zeit nach dem rechtsextremistischen Anschlag von Hanau im Februar 2020 die oppositionelle Linke und die Regierungsfraktionen von CDU, SPD und den Grünen zusammen und verabschiedeten im Landtag mit der notwendigen Zweidrittelmehrheit eine Verfassungsreform, die fortan den Paragraphen 37a beinhaltet: «Die Wiederbelebung oder Verbreitung nationalsozialistischen Gedankenguts, die Verherrlichung des nationalsozialistischen Herrschaftssystems sowie rassistische und antisemitische Aktivitäten nicht zuzulassen, ist Verpflichtung aller staatlichen Gewalt und Verantwortung jedes Einzelnen.»[42] Während die beteiligten Parteien diese verfassungsrechtliche Verankerung des Antifaschismus als erfreuliche Zusammenarbeit jenseits von Parteilinien feierten, war durchaus auch Kritik an dieser neuartigen Staatszielbestimmung zu vernehmen: So birgt die ‹antifaschistische Klausel› Kritiker*innen zufolge die Gefahr in sich, lediglich antifaschistische Symbolpolitik zu sein, «bei der sich das Land mit einer scheinbar progressiven Verfassungsbestimmung schmückt, während sich an den Lebensbedingungen der vom rechten Terror Betroffenen real nichts ändert», was letztendlich die Substanz des Begriffes ‹Antifaschismus› entwerte.[43]

Die Linke engagiert sich auch außerhalb des Parlaments gegen rechte Positionen und rassistisch motivierte Gewalt. Insbesondere der Jugendverband der Linkspartei, die Linksjugend Solid, organisiert viele Camps, Kampagnen, Seminare, Konzerte etc. und hat durch ihren aktionistischen Charakter deutliche Berührungspunkte zur autonomen Szene. Die größten Veranstaltungen der Linksjugend Solid fanden vor allem im Kontext von internationalen Gipfeltreffen – z. B. dem G8-Gipfel in Heiligendamm 2007, dem G7-Gipfel auf Schloss Elmau 2015 oder dem G20-Gipfel in Hamburg 2017 – statt. Sie beteiligte sich auch an den ‹Bildungsstreik›-Protesten sowie an der Occupy-Bewegung. Im Zuge der Fußball-Weltmeisterschaft 2018 rief der Jugendverband ferner zu der kontroversen Aktion ‹Deutschland knicken› auf, die zum Abbrechen von an Fahrzeugen angebrachten Deutschlandfahnen animieren sollte.[44] Entsprechend des – nach wie vor aktuellen – Erfurter Parteiprogramms von 2011 gilt demnach auch für die Linksjugend Solid: «[G]elebter Antifaschismus [ist] verbunden mit dem Kampf gegen Kriegstreiberei, Antisemitismus, Islamfeindlichkeit, Rassismus und nationalem Dünkel.»[45]

3. Die ‹Autonome Antifa›

Diese bisher beschriebenen Parteien und Gruppierungen besitzen alle – über das entschlossene Engagement und die resolute Bekämpfung von (Neo-)Faschismus, Rassismus und Rechtsextremismus hinaus – einige strukturelle Gemeinsamkeiten: Erstens weisen sie einen bestimmten Grad an Institutionalisierung im Sinne eines Ordnungs- oder Regelsystems wie z. B. dem Parteien- oder Vereinsrecht auf; zweitens haben sie eine historische Nähe zur Arbeiter*innen-Bewegung bzw. wirken auch im Bereich der wirtschaftlichen, sozialen und kulturellen Interessensvertretung von abhängig Erwerbstätigen; drittens tragen sie ihre Konflikte in der Regel auf friedliche Weise aus, z. B. durch Demonstrationen, Blockaden, Petitionen, Streiks, zivilen Ungehorsam etc.; viertens haben sie eine Geschichte, die sich entweder direkt (KPD, VVN-BdA) oder indirekt (KB, DKP, PDS/Die Linke) auf (persönliche) Erfahrungen aus der Zeit des NS-Regimes, des Zweiten Weltkrieges und des Holocausts bezieht. Vor dem Hintergrund dieser verschiedenen Traditionen lassen sich diese Parteien und Gruppierungen als ‹traditionelle› antifaschistische Akteur*innen bezeichnen.

Ab Ende der 1970er Jahre traten allerdings zunehmend neue antifaschistische Gruppierungen in Erscheinung, die diese Charakteristika nicht aufwiesen: Es waren locker strukturierte und teilweise recht kurzlebige Strömungen aus der linksradikalen, anarchistischen und neomarxistischen Szene, deren Akteur*innen aufgrund ihres jungen Alters den Nationalsozialismus und die daraus resultierenden Verbrechen nicht persönlich erlebt und aufgrund ihres sozialen Status oftmals keinen Bezug zur Arbeiter*innen-Bewegung und zu Gewerkschaften hatten. Vor allem aber charakterisierte diese neu entstandenen Gruppierungen, dass es ein konstitutives Element ihres Selbstverständnisses war, bei der Bekämpfung von Antisemitismus, Faschismus, Geschichtsrevisionismus, Nationalismus, Neonazismus, Rassismus, Sexismus etc. nicht per se auf Gewaltanwendung zu verzichten, sondern im Stile eines ‹revolutionären Kampfes› und ganz in der Tradition der extremistischen Linken der Weimarer Republik sogar explizit Gewaltbereitschaft und Militanz erkennen zu lassen. Seit ihrer Entstehung werden diese Gruppierungen, die in Bezug auf Aktivismus, Ideen und Verhaltensweisen anderen (Neuen) Sozialen Bewegungen durchaus ähnlich sind, als ‹autonome› antifaschistische Akteur*innen bezeichnet.

Entstehung in den frühen 1980er Jahren

Ihren Ursprung hat die autonome antifaschistische Bewegung im Italien der späten 1960er Jahre: Dort war neben den bereits etablierten Gewerkschaften und der Kommunistischen Partei die sogenannte ‹Autonomia Operaia› (Arbeiterautonomie) aus jungen Fabrikarbeiter*innen und Student*innen (sowie Arbeits- und Obdachlosen) entstanden, die zahlreiche Sabotageaktionen und Streiks durchführte und sich erbitterte Konflikte in den Fabriken lieferte. Im Gegensatz zur Situation in der Bundesrepublik Ende der 1960er Jahre kam es in Italien teil- und zeitweise tatsächlich zu einem kooperativen Schulterschluss zwischen Arbeiter*innen und Student*innen, bevor sich viele Gruppen der ‹Autonomia Operaia› infolge interner Auseinandersetzungen im Laufe der 1970er wieder auflösten.[1] Der zentrale Punkt im

Selbstverständnis der Arbeiterautonomie – soziale und politische Konflikte selbstbestimmt und ohne weitere Interventionen von Staat, Parteien, Gewerkschaften, Verbände etc. auszutragen – breitete sich jedoch auf die Neue Linke in weiten Teilen Westeuropas aus.

In der Bundesrepublik knüpfte die autonome Bewegung in erster Linie an die Außerparlamentarische Opposition (APO) an, die sich zu Beginn der 1970er Jahre in verschiedene Strömungen aufspaltete: So entstand etwa die sogenannte ‹Sponti-Bewegung›, die vor allem kennzeichnete, dass sie das revolutionäre Potential in der ‹Spontanität der Massen› sah, und deshalb fantasievolle Spontanaktionen durchführte, die einen aktivierenden Charakter für einen rebellischen Teil der Bevölkerung haben sollten. Aus der antiautoritären und theorie-aversen ‹Sponti-Bewegung› entwickelten sich im weiteren Verlauf ebenso esoterische und radikalökologische Strömungen sowie die zunächst vor allem in Berlin aktive Hausbesetzer*innen-Szene. Dass die ‹Sponti-Bewegung› tatsächlich eine enorme Strahlkraft auf das linksalternative Milieu in der Bundesrepublik ausübte, lässt sich beispielsweise an dem vom 27. bis 29. Januar 1978 in der Technischen Universität (TU) in West-Berlin veranstalteten ‹Nationalen Widerstandskongress: Reise nach TUNIX› erkennen: Dort versammelten sich ca. 15 000 Personen zum Austausch über ihre Aktivitäten, zur Diskussion linksradikaler Themen und zur Überwindung der Lähmung der Szene seit dem ‹Deutschen Herbst 1977›. Unter anderem entstand auf dem Kongress die Initiative zur Gründung der linksalternativen und systemkritischen *taz*.

Im Gegensatz zur ‹Sponti-Bewegung› waren die aus dem Sozialistischen Deutschen Studentenbund (SDS) entstandenen ‹K-Gruppen› der Ansicht, dass es für eine Revolution einer leninistisch-kommunistischen Partei bedürfe und aus diesem Grund eine dogmatisch strikte Theorieschulung und ein dementsprechender Parteiaufbau betrieben werden müsse. Ebenso entstand aus der Studentenbewegung Ende der 1960er Jahre mit der Roten Armee Fraktion (RAF) ein äußerst radikales Zerfallsprodukt, das durch Terror das Regierungssystem der Bundesrepublik und den Kapitalismus abschaffen wollte.[2] Schließlich traten Ende der 1970er bzw. zu Beginn der 1980er Jahre aus einer sich selbst als basisdemokratisch, dynamisch und progressiv verstehenden Gesellschaftsschicht die Neuen Sozialen Bewegungen hervor, wie die Anti-Atomkraft-Bewegung, die Ökologiebewegung, die Friedensbewegung, die Jugendzentrumsbewegung oder die Frauen-, Schwulen- und Lesbenbewegung.

Die ersten autonomen Gruppen in der Bundesrepublik knüpften ab Ende der 1970er Jahre vor allem in Bezug auf Aktionismus, Impulsivität und Vernetzung an die ‹Sponti-Bewegung› an. Ihrem politischen und sozialen Selbstverständnis entsprechend strebten sie nach Selbstbestimmung und alternativen, kollektivistischen Formen des Zusammenlebens, das auf einem von bürgerlichen Konventionen, Normen und Verwertungslogiken befreiten Wertesystem basieren sollte.[3] Einige Grundsätze dazu formulierten Autonome im Jahr 1981 in einem ‹Thesenpapier› in der linken Zeitschrift *radikal*, dem auflagenstärksten und einflussreichsten Sprachrohr der linken bzw. linksradikalen Bewegung:

> «1. Wir kämpfen für uns, andere kämpfen auch für sich, und gemeinsam sind wir stärker. Wir führen keine Stellvertreterkriege, es läuft über ‹eigene Teilnahme›, Politik der 1. Person. Wir kämpfen für keine Ideologien, nicht fürs Proletariat oder fürs Volk, sondern für ein selbstbestimmtes Leben in allen Bereichen, wohl wissend, dass wir nur frei sein können, wenn alle anderen auch frei sind! Aber auch wir haben eine Ideologie: Es geht uns dabei um Eigenverantwortung und Selbstbestim-

mung als gesellschaftspolitisches Ziel und Mittel zu deren Durchsetzung. Es geht uns aber auch um Moral, Gerechtigkeit und Würde. Und in diesem Zusammenhang führen wir auch manchmal Stellvertreterkriege, wenn wir betroffen sind von dem Leid und Unterdrückung gegen andere. 2. Wir wollen das System nicht reformieren oder verbessern. Wir führen keinen Dialog mit den Herrschenden, denn das ist der erste Schritt zur Integration. Wir lehnen die Propagierung reformistischer Ziele ab. Uns kommt es zu allererst darauf an, das Selbstbewusstsein der Menschen in Alltag und Politik zu stärken, ihre Sachen selbst in die Hand zu nehmen und nicht an andere zu delegieren. Deswegen lehnen wir für uns den parlamentarischen Weg ab.»[4]

Weiter erklärten es die Autonomen zu ihrem Ziel, «eine neue grundlegend geänderte Struktur des sozialen Zusammenlebens und der Kommunikation zu schaffen», indem sie «dem System überall punktuell Gegenmacht entgegensetzen».[5] In der Gesamtheit artikulierte das ‹Thesenpapier›, das die Autonomen ursprünglich für ein internationales Treffen im italienischen Padua im Oktober 1981 verfasst hatten, viel subjektiv-emotionales Wunschdenken, jedoch formulierte es kaum konkrete politische Strategien oder Lösungsansätze, sondern verstrickte sich stattdessen oftmals in offenkundigen Widersprüchen. Das Schreiben klammerte ferner aus, dass die Gewaltbereitschaft ein zentrales Kennzeichen vieler autonomer Antifaschist*innen ist, die in Verbindung mit einem strikten Moralkodex nicht selten geradezu fetischisierende Züge annimmt.

Exakt datieren lässt sich die Entstehung der ersten autonomen Gruppen in der Bundesrepublik nicht. Einige waren Ende der 1970er Jahre in den verschiedenen Strömungen der Neuen Sozialen Bewegungen – etwa beim Protest gegen die Errichtung eines Kernkraftwerkes im schleswig-holsteinischen Brokdorf oder beim Widerstand gegen den Bau der Startbahn-West am Frankfurter Flughafen – aktiv. In den Blickpunkt der allgemeinen Öffentlichkeit rückte die autonome Bewegung aber vor allem durch eine Welle von Hausbesetzungen in Berlin sowie infolge einer Gelöbnisfeier für Bundeswehrrekruten im Bremer Weserstadion am 6. Mai 1980, als unter den insgesamt ca. 10 000 Demonstrierenden die autonomen Gruppen etwa 250 Polizist*innen und Soldaten mit Leuchtkugeln, Molotowcocktails und Pflastersteinen bewarfen sowie mit Eisenstangen und weiteren Gegenständen attackierten. Es entstand zudem ein Sachschaden von rund einer Million DM.

In der Folgezeit fokussierte sich das Engagement der autonomen Gruppen allerdings zunehmend auf antifaschistische Aktivitäten, da zu Beginn der 1980er Jahre ein qualitativer und quantitativer Anstieg an rechtsextremer Gewalt in Westdeutschland zu beobachten war.[6] Eine zentrale Rolle spielte dabei die neonazistisch-terroristische ‹Wehrsportgruppe Hoffmann› (WSG), die von 1974 bis zu ihrem Verbot im Jahr 1980 schätzungsweise 400 paramilitärische Kämpfer zählte. Die nach ihrem Gründer, Karl-Heinz Hoffmann, benannte Organisation trainierte in diesen Jahren in voller Uniform und mit ausrangierten Militärfahrzeugen im freien Gelände und entwickelte sich zu einer wichtigen «Durchlaufstation für Rechtsextreme» und deren Attentate in den Folgejahren:[7] So ereignete sich am 26. September 1980 der bis dato schlimmste (rechtsradikale) Terrorakt in der Geschichte der Bundesrepublik, als durch die Explosion einer selbstgebauten Bombe am Münchner Oktoberfestareal 13 Menschen getötet und 221 zum Teil schwer verletzt wurden. Unter den Toten befand sich auch der mutmaßliche Attentäter Gundolf Köhler, der zeitweise bei der Wehrsportgruppe Hoffmann aktiv gewesen war. Der Abschlussbericht der Ermittler*innen aus dem Jahr

1982 identifizierte den 21-jährigen Tübinger Geografie-Studenten als alleinigen Verantwortlichen für den aus ‹rein persönlichen Motiven› verübten Terroranschlag. Diese Einzeltäterthese wurde seitdem jedoch kontinuierlich in Frage gestellt und nach neuen Indizien und Zeugenaussagen entschloss sich die Generalbundesanwaltschaft im Jahr 2014 dazu, den Fall noch einmal aufzurollen. Bis zur Einstellung der neuen Ermittlungen im Juli 2020 konnten keine klaren Beweise zur Anstiftung, Beihilfe oder Beteiligung weiterer Täter*innen gefunden werden. Allerdings erklärte die Bundesanwaltschaft, dass Gundolf Köhler den Terrorakt aus rechtsextremen Motiven durchgeführt habe, weil er dadurch die Bundestagswahl 1980 beeinflussen, dem CSU-Kandidaten Franz Josef Strauß zur Kanzlerschaft verhelfen und langfristig einen Führerstaat nach nationalsozialistischem Vorbild errichten wollte.[8]

Ende des Jahres 1980 ereignete sich ein weiteres entsetzliches Verbrechen, als der deutsche Verleger und Rabbiner Shlomo Lewin sowie seine Lebensgefährtin Frida Poeschke vor deren Haus in Erlangen aus antisemitischen Motiven mit einer Maschinenpistole ermordet wurden. Auch in diesem Fall war der Attentäter, der Rechtsextremist Uwe Behrendt, zuvor in der Wehrsportgruppe Hoffmann aktiv gewesen. Nach dem Doppelmord vom 19. Dezember 1980 floh dieser in den Libanon, wo er durch Unterstützung der palästinensischen ‹Fatah› eine ‹Wehrsportgruppe Ausland› ins Leben rief, jedoch keine festen Strukturen dafür aufbauen konnte. Behrendt starb schließlich im September 1981 in einem libanesischen Kampflager durch Suizid.[9]

Wissenschaftliche Studien ergaben zu diesem Zeitpunkt, dass sich Rechtsextremismus auch in den Köpfen der bundesdeutschen Gesellschaft in besorgniserregendem Ausmaß verbreitet hatte: Die von Bundeskanzler Helmut Schmidt bereits im Jahr 1980 in Auftrag gegebene ‹Sinus Studie› kam ein Jahr später zu dem Ergebnis, dass etwa 13 Prozent der deutschen Wahlbevölkerung ein ‹rechtsextremistisches› Einstellungspotenzial besaßen und demnach über ein «äußerst rechtes Weltbild» verfügten; sechs Prozent der Befragten billigten rechtsextreme Gewalttaten und einzelnen rechtsextremen Statements stimmten sogar 37 Prozent der Wahlberechtigten zu.[10] Eine Legitimation aus wissenschaftlichen Kreisen erhielten diese rechtsextremen Ressentiments durch das am 17. Juni 1981 publizierte ‹Heidelberger Manifest›. Dabei handelt es sich um eine rassistische Grundsatzerklärung von 15 Professoren, die ein natürliches Recht eines Volkes auf Erhaltung seiner Identität proklamierten und die Integration von Migrant*innen als Bedrohung betrachteten. Konkret hieß es in dem Schreiben:

> «Mit großer Sorge beobachten wir die Unterwanderung des deutschen Volkes durch Zuzug von vielen Millionen von Ausländern und ihren Familien, die Überfremdung unserer Sprache, unserer Kultur und unseres Volkstums. […] Bereits jetzt sind viele Deutschen [sic!] in ihren Wohnbezirken und an ihren Arbeitsstätten Fremdlinge in der eigenen Heimat. […] Deshalb rufen wir zur Gründung eines parteipolitisch und ideologisch unabhängigen Bundes auf, dessen Aufgabe die Erhaltung des deutschen Volkes und seiner geistigen Identität auf der Grundlage unseres christlich-abendländischen Erbes ist. […] Allein lebensvolle und intakte deutsche Familien können unser Volk für die Zukunft erhalten. Nur eigene Kinder sind die alleinige Grundlage der deutschen und europäischen Zukunft.»[11]

Von der breiten Öffentlichkeit blieb das ‹Heidelberger Manifest› zunächst unbemerkt. Erst als drei rechtsextremistische Zeitschriften – *Deutsche Wochenzeitung*, *Nation & Europa* sowie *Deutsch-*

land in Geschichte und Gegenwart – den Text abdruckten und Studierende darauf aufmerksam wurden, erfolgten ausführliche Berichterstattungen und kritische Reaktionen. Der Autoren-Kreis erarbeitete anschließend eine Neufassung, die jedoch trotz einiger Distanzierungen und Relativierungen weiterhin nationalistische und rassistische Äußerungen enthielt.

In der etablierten Politik bedienten sich einige Akteur*innen ebenfalls solcher Ressentiments, anstatt diesen entschieden entgegenzutreten: Der seit 1982 regierende CDU-Bundeskanzler Helmut Kohl etwa sagte gegenüber der britischen Premierministerin Margaret Thatcher: «Deutschland habe kein Problem mit den Portugiesen, den Italienern, selbst den Südostasiaten, weil diese Gemeinschaften sich gut integrierten. [...] Aber die Türken kämen aus einer sehr andersartigen Kultur. [...] Über die nächsten vier Jahre werde es notwendig sein, die Zahl der Türken um 50 Prozent zu reduzieren.»[12] Aber nicht nur die Unionsparteien warnten in dieser Zeit eindringlich vor weiterer Zuwanderung in die Bundesrepublik, auch für die SPD war die ‹Belastungsgrenze› überschritten, wie Helmut Schmidt bereits im Februar 1982 in einem *Zeit*-Interview erklärte: «Mir kommt kein Türke mehr über die Grenze.»[13] Solche Statements stellten jedoch keine Entgleisungen einzelner Politiker*innen dar, die öffentliche Empörungswellen auslösten, sondern stießen im Gegenteil auf breite Zustimmung in der Bevölkerung.

Vor dem Hintergrund dieses Gesellschaftsklimas wurde am 24. Juni 1982 ein weiteres rechtsextrem-motiviertes Attentat verübt, als der 26-jährige Neonazi Helmut Oxner in seiner Heimatstadt Nürnberg in einer Diskothek auf ca. zwei Dutzend Gäste auf der Tanzfläche schoss, von denen drei starben. Er zielte dabei explizit auf Migrant*innen und rief den Satz «Es lebe der Nationalsozialismus!»[14], bevor er sich selbst tötete. Wie schon die Attentäter vom Oktoberfestanschlag und der Mörder von Shlomo

Lewin und Frida Poeschke war auch Oxner im Umfeld der Wehrsportgruppe Hoffmann aktiv. Trotz dieser Verbrechen erkannten der Staat und weite Teile der Bevölkerung Neofaschismus nicht als Gesellschaftsproblem an. Presse, Funk und Fernsehen sowie die etablierte Politik sprachen nach diesen – oftmals fälschlicherweise als ‹Amokläufe› etikettierten – Anschlägen und weiteren rechtsextremen Gewalttaten nicht selten von den Taten einzelner ‹Ewiggestriger› und meinten, dass sich dieses Problem im Grunde in wenigen Jahren biologisch von selber erledigen würde.[15] Insofern waren es vor allem autonome Antifa-Gruppen, die Bildungs- und Recherchearbeit leisteten, (Neo-)Nazi-Treffen be- und teilweise sogar verhinderten und sich rechten Demonstrationen auf der Straße entgegenstellten. Auch wenn der autonome Antifaschismus in ausdrücklicher Abgrenzung vom Kommunistischen Bund und dessen erstarrten Strukturen entstand, so wurden doch einige (militante) Aktionsformen und Praxen von der Organisation übernommen.[16]

Besonders bemerkenswert ist dabei die zu Beginn der 1980er Jahre entstandene Recherchearbeit der autonomen Antifa-Bewegung, die sich vor allem durch Beharrlichkeit, Kleinteiligkeit und Kreativität auszeichnete und zahllose Erkenntnisse über rechte Aktivitäten, Strukturen, Verbindungen sowie Führungspersonen und Unterstützende ans Licht brachte. Es etablierte sich ein regelrechter ‹Fahndungsantifaschismus›, der detaillierte Einblicke in die rechte Szene – Neonazis, Skinheads, Ultrakonservative etc. – ermöglichte. Eine sehr anschauliche Beschreibung dieser zeitintensiven Praxis ist der folgende Bericht des Antifaschisten ‹schwarzer Paule› aus Bochum:

> «Wir kamen zusammen, erzählten was wer mitbekommen hatte, erkundigten uns bei unseren Bekannten, entfernten Nazi-Aufkleber und ihre Sprayereien. Ich begann mit einer geziel-

ten Erfassung von Schmierereien. [...] Ich [bin] jeden Sonntag stundenlag die Straßen abgelaufen auf der Suche nach Nazi-Schmierereien. Die habe ich dann in einen Stadtplan eingetragen und so herausgefunden, welche Routen die hatten. Das checkte ich mit Kneipen, Bushaltestellen, etc. gegen. Also reisten die an? Gab es Anzeichen für einen wöchentlichen Treff in einer Kneipe? Wohnte hier jemand? Etc. [...] Wir nutzten das Wissen wo die Nazis plakatierten und klebten, um dort jede Woche gezielt ihre Sachen weg und unsere hin zu machen. Also um ihre Parolen zu übersprühen und unsere Aufkleber anzubringen. Das ging monatelang hin und her. Aber wir hatten einfach den längeren Atem. Das schien sie schließlich zu entmutigen. Ihre Propaganda wurde immer weniger.»[17]

Außerdem spionierten Antifaschist*innen Privatadressen, Treffpunkte und Veranstaltungsorte der rechten Szene akribisch aus, machten Fotos und erfassten Autokennzeichen. Diese Informationen legten sie anschließend in Computer-Datenbanken an, sodass über die Jahre enorme Recherchenetzwerke und stichhaltige Erkenntnisse über Aktionen, Personen und Strukturen entstanden, über die staatliche Behörden nicht ansatzweise verfügten. Eine weitere beliebte Recherchetechnik der autonomen Antifa-Bewegung war es, Post aus den Briefkästen von bekannten Neonazis zu stehlen, um daraus Rückschlüsse über Aktivitäten und Verbindungen zu ziehen. Oftmals gaben Antifaschist*innen in Postämtern sogar Nachsendeanträge ab und ließen die an die Neonazis adressierte Post an eine andere Anschrift weiterleiten; damit die Betroffenen nicht argwöhnisch wurden, mussten sie die nachgesendete Post ihren eigentlichen Empfänger*innen täglich nach der Durchsicht noch in den Briefkasten werfen.[18] Teil des ‹Fahndungsantifaschismus› war es ferner, sämtliche rechtskonservativen bis neonazistischen Blätter, Broschüren und

Zeitschriften (unter falschen Namen und an tote Briefkästen) zu abonnieren, auszuwerten und zu archivieren. Bisweilen versuchten die Antifaschist*innen durch die Annoncen, Inserate und Reklamen falsche Brieffreundschaften und dadurch Vertrauensverhältnisse zu Einzelpersonen aus der rechten Szene aufzubauen, um über Neonazi-Aktivitäten im Bilde zu sein. Eine besonders spektakuläre Aktion zur Gewinnung von Informationen über die rechte Szene ereignete sich in der Nacht des 21. Mai 1989, als eine als Polizeieinheit verkleidete Antifa-Gruppe den bundesweit bekannten Neonazi Christian Worch in dessen Hamburger Wohnung überfiel. Der Funktionär verschiedener rechtsextremer Gruppierungen und seine Frau glaubten tatsächlich, mit einer echten Polizeieinheit konfrontiert zu sein, sodass sie sich widerstandslos fesseln ließen und die Antifa-Gruppe ca. 50 Aktenordner aus Worchs Archiv entwenden konnte.

Viele dieser Aktivitäten hatte ursprünglich der Kommunistische Bund in den 1970er Jahren entwickelt; zum Teil zählen sie noch heute zum Recherche-Repertoire der Autonomen. Ebenso wie viele Aktionsformen übernahmen autonome Antifa-Gruppen zu Beginn der 1980er Jahre ferner das historische Emblem der Antifaschistischen Aktion aus dem Jahr 1932, das die beiden Bauhaus-Grafiker Max Gebhard und Max Keilson im Auftrag der KPD entworfen hatten: Es war ein roter ‹Rettungsring›, in dessen Mitte sich zwei rote Fahnen als Symbol für die KPD und die SPD befanden, die das Zusammenstehen beider Parteien im Kampf gegen den Faschismus darstellen sollten. Der Kommunistische Bund hatte dieses Motiv bereits Ende der 1970er Jahre auf einigen Broschüren und Flugblättern wiederaufgegriffen und die autonomen Antifa-Gruppen verwendeten das Logo fortan in leicht modifizierter Form: Aus den beiden roten Fahnen wurde eine schwarz-rote Doppelflagge, wobei die schwarze Fahne seitdem die anarchistischen Tendenzen innerhalb der Bewegung repräsentiert. Außerdem zeigt die Doppelflagge seit der Umgestaltung durch den langjährigen Aktivisten und Künstler Bernd Langer[19] nach links. Bis heute ist sie das dominierende Bildzeichen und internationales Erkennungsmerkmal des antifaschistischen, antikapitalistischen und militanten Kampfes.

Die erste autonome Antifa-Gruppe entstand in Hamburg, wo sich bereits am 25. August 1980 ein folgenschwerer Zwischenfall für die antifaschistische Bewegung ereignet hatte: Franz-Josef Strauß, Kanzlerkandidat und Vorsitzender der CSU, der im Zuge des ‹Deutschen Herbstes› 1977 mit der Erschießung der RAF-Terrorist*innen gedroht hatte und aufgrund seiner reaktionären Politikvorstellungen zu einem zentralen Feindbild der linken Szene avanciert war, kam zu einem Wahlauftritt auf das Hamburger Messegelände. Trotz eines erlassenen Demonstrationsverbotes versammelten sich auf dem Areal rund 15 000 Menschen. Es kam zu schweren Gewaltausschreitungen und einem brutalen Knüppeleinsatz der Polizei, woraufhin einige Demonstrant*innen auf den Bahnsteig der S-Bahn-Station Sternschanze bzw. auf die Gleise flohen. Der 16-jährige Olaf Ritzmann wurde dabei von einer S-Bahn erfasst und tödlich verletzt. Er war bereits hirntot, aber auf Ersuchen der Polizei wurde er vier weitere Tage am Leben gehalten, um weitere Proteste zu vermeiden.[20] Ein eingeleiteter Ermittlungsausschuss kam 1983 zu dem Ergebnis, dass kein ursächlicher Zusammenhang zwischen dem Polizeieinsatz und dem Tod Olaf Ritzmanns bestehe.

Im Windschatten der Neuen Sozialen Bewegungen und deren Protest-Kristallisationspunkten – etwa der Anti-AKW- und Ökologiebewegung in Brokdorf, Gorleben oder Wackersdorf sowie der Friedensbewegung zunächst in Bonn und später an den Stationierungsorten der atomaren Mittelstreckenraketen – formierten sich vor allem im norddeutschen Raum etliche Antifa-Gruppen wie zum Beispiel in Hannover, Oldenburg, Northeim,

Göttingen und Braunschweig. Auf Initiative des Kommunistischen Bundes fanden diese Gruppen sich am 21. November 1981 das erste Mal zum Austausch und zur Vernetzung in Hannover zusammen, was sich in den Folgejahren in unregelmäßigen Abständen wiederholte und als ‹Norddeutsches Antifa-Treffen› etablierte. Im Jahr 1982 stieß zu diesem Kreis die ‹Antifaschistische Aktion Hamburg› dazu, die fortan richtungsweisend in der überregionalen Antifa-Organisierung war und einen Konnex zwischen Antifaschismus und autonomer Bewegung herstellte.

Die autonomen Aktivist*innen übten unmittelbar eine starke Attraktion auf die norddeutschen Antifa-Gruppen aus. Die Vorstellung, dass sich die eigene Gewaltbereitschaft als eine legitime Reaktion auf die als strukturell verstandene Gewalt des Staates und des kapitalistischen Systems interpretieren und rechtfertigen lasse, überzeugte weite Teile der linksradikalen Szene und etablierte sich rasch als Alternative zu dem insbesondere vom Kommunistischen Bund propagierten Ansatz, die räumliche Distanz zum politischen Gegner zu wahren und direkte Konfrontationen zu vermeiden. Das Attribut ‹autonom› stand bei Antifa-Gruppen fortan für eine klare Abgrenzung von sämtlichen K-Gruppen und vor allem dem KB sowie dessen theoriegeleiteter Politik und starren Strukturen. Im Gegensatz dazu stellte für die konfrontativere autonome Antifa-Bewegung der Pflasterstein sowohl das ‹Symbol des Widerstandes› gegen Rechtsextremismus als auch das ‹Symbol der Befreiung› von Ausbeutung und Unterdrückung durch die kapitalistischen Verhältnisse dar. Die autonomen Antifa-Gruppen erklärten einen fundamentalen und nachhaltigen strukturellen Wandel des kapitalistischen Systems zu ihrem Fernziel, für dessen Erreichung sie Gewalt als ein durchaus legitimes Mittel betrachteten. Repressionen und Sanktionen gegen diese politische Strategie kommentiert die linksradikale Szene seitdem oftmals mit dem Spruch: «Menschen sterben und ihr schweigt – Steine fliegen und ihr schreit!»

In erster Linie war die autonome Antifa-Bewegung aber mit ihrem Nahziel, der Bekämpfung rechter Aktivitäten und Strukturen, beschäftigt. Die Gruppen des ‹Norddeutschen Antifa-Treffens› waren zu Beginn der 1980er Jahre äußerst engagiert, tatkräftig und konfrontierten fast jedes stattfindende Neonazi-Treffen in der Bundesrepublik mit Gegenaktionen, wodurch es oftmals zu Gewaltausschreitungen mit der Polizei kam. Die Autonomen standen fortan nicht mehr nur aufgrund von Hausbesetzungen in den Großstädten der Republik in den Schlagzeilen, sondern ebenso infolge antifaschistischer Aktionen im gesamten Bundesgebiet. Ihre Gewaltbereitschaft hatte zur Folge, dass die autonome Bewegung seit 1983 alljährlich im Verfassungsschutzbericht Erwähnung findet.

Die Straßenschlacht von Fallingbostel im Oktober 1983

Ein Fanal für die weitere Entwicklung der autonomen Antifa-Bewegung stellten die Ereignisse vom 1./2. Oktober 1983 im niedersächsischen Fallingbostel dar, wo die NPD ihren Bundesparteitag stattfinden lassen wollte. Zahlreiche norddeutsche Antifa-Gruppen hatten deshalb lange vorab zum Protest aufgerufen und beteiligten sich an einem lokalen Vorbereitungstreffen verschiedener Initiativen und Gruppen. In diesen Sitzungen offenbarte sich jedoch schon bald ein Grundsatzkonflikt über das gemeinsame Vorgehen gegen den NPD-Parteitag: Traditionsgemäß riefen reformistische und staatstragende Kräfte wie der Deutsche Gewerkschaftsbund (DGB) oder die VVN-BdA zu einer separaten Gegenkundgebung – in diesem Fall an der 30 Kilometer entfernten KZ-Gedenkstätte in Bergen-Belsen – in deutlicher Entfernung zum Veranstaltungsort der Neonazis auf und wollten damit jegliche direkte Konfrontationen vermeiden. Dagegen sprachen sich die autonomen Antifa-Gruppen für eine Demonstration in der Stadt sowie für eine Blockade des Veranstaltungsortes zur Verhinderung des NPD-Bundesparteitages aus.[21]

Aus diesem Grund hatte sich die Polizei intensiv auf den 1./2. Oktober 1983 vorbereitet: Bereits eine Woche zuvor sicherte sie das Gelände mit Stacheldraht ab, installierte Videokameras und ließ den Veranstaltungsort rund um die Uhr überwachen. Bei Vorfeldkontrollen hatten Polizist*innen bereits Krähenfüße, Pfefferspray, Schlagstöcke, Schutzhelme, Stahlkugeln, Signalmunition, Stichwaffen etc., aber ebenso Büchertische, Informationsmaterial und Transparente konfisziert. Zu Beginn des Parteitages standen schließlich rund 2000 Polizei- und SEK-Beamte mit Panzerspähwagen sowie Wasserwerfern bereit und Hubschrauber beobachteten im Tiefflug die anrückendenden Antifaschist*innen.[22] Ziel der Polizei war es, dass niemand ohne Kontrolle an diesen Tagen in die Stadt gelangt.

Unter starker Beteiligung von autonomen Antifa-Gruppen aus Bremen, Göttingen, Hamburg und Hannover kamen am 1. Oktober 1983 schließlich insgesamt ca. 2000 Menschen nach Fallingbostel, um ihren Protest gegen den NPD-Parteitag zu artikulieren. Aus dem Nichts durchbrach eine Schar autonomer Aktivist*innen schlagartig die Absperrung und startete einen Frontalangriff auf die Veranstaltungshalle. Es folgten brutale Gefechte mit der Polizei, die Tränengas und Wasserwerfer einsetzte. Die *Hannoversche Allgemeine Zeitung* kommentierte die Ereignisse folgendermaßen: «Straßenschlacht in Fallingbostel: Mit einem Steinhagel versuchten sich am Sonnabend militante Gruppen den Weg in die Fallingbosteler Heidmarkhalle freizukämpfen, in der die NPD tagte. Bei der Straßenschlacht mit der Polizei gab es mindestens 80 Verletzte.»[23] Die Tatsache, dass die autonomen Antifaschist*innen mit absoluter Entschlossenheit zur direkten Konfrontation Neonazis attackieren, deren Autos beschädigen und den NPD-Parteitag eklatant stören konnten, beeindruckte weite Teile der linksradikalen Szene nachhaltig. ‹Fallingbostel 1983› avancierte zum Gründungsmythos des autonomen Antifaschismus, der durch diese Aktion erstmals ins Bewusstsein einer breiten Öffentlichkeit rückte. Folglich kam es zur Gründung vieler autonomer Antifa-Gruppen im ganzen Bundesgebiet; ebenso begann sich aber auch das Bundesamt für Verfassungsschutz für das Thema zu interessieren, auch wenn die Behörde die autonomen antifaschistischen Strukturen und Zusammenhänge zunächst nicht recht einschätzen und einordnen konnte.

Mit dem Entstehen antifaschistischer Gruppen, für deren Selbstverständnis Gewaltbereitschaft und die direkte Konfrontation mit Rechtsextremen von zentraler Bedeutung war, kam es jedoch zu weiteren Konflikten mit ‹traditionellen› antifaschistischen Akteur*innen wie zum Beispiel dem Kommunistischen Bund: Entgegen dem allgemeinen Tenor in der linksradikalen Szene bewertete dieser die Ereignisse von Fallingbostel als eine Niederlage für die antifaschistische Bewegung, weil ihr keine Mobilisierung der breiten Bevölkerung gelungen sei, sondern einzelne autonome Antifa-Gruppen lediglich die Eskalation mit den Neonazis und der Polizei gesucht und eine sinnlose ‹Hau-Drauf-Politik› betrieben hätten. Die KB-Zeitung *Arbeiterkampf* (AK) stellte zu dieser Zeit in einem Artikel die Frage, ob die direkte Konfrontation mit Neofaschist*innen überhaupt sinnvoll sei oder ob dieser Politikansatz den Feind nicht unnötig aufwerten würde. Des Weiteren veröffentlichte der AK in dem Disput über die Gewaltaffinität der Szene einige Fotos von der Fallingbosteler Straßenschlacht, die schließlich zur Kriminalisierung beteiligter Autonomer führte.[24] Damit kam es zum finalen

Bruch zwischen dem KB und den autonomen Antifa-Gruppen, die daraufhin ankündigten, eine eigenständige Antifa-Politik zu entwickeln und ihre Gegenaktionen zu Neonazi-Treffen auszuweiten. Besonders in Norddeutschland war die Antifa-Bewegung in der Folgezeit aktiv und mobilisierte unter anderem zu Demonstrationen gegen eine Gedenkveranstaltung für SS-Soldaten am Volkstrauertag 1983 in Essel, gegen zwei SS-Veteranentreffen im Frühjahr 1984 in Oberaula bzw. Bad Harzburg sowie für die sogenannten ‹Chaos-Tage› im August 1984 in Hannover. In dieser Zeit entwickelten sich erste überregionale Koordinations- und Vernetzungsbestrebungen zwischen den einzelnen autonomen Antifa-Gruppen, denen bald sogar internationale Kontakte, z. B. nach England, Frankreich, in die Niederlande und nach Skandinavien, folgten.

Der Tod Günter Sares am 28. September 1985 in Frankfurt am Main

Bis Mitte der 1980er Jahre konnte die autonome Antifa-Bewegung recht effektive (inter-)nationale Strukturen aufbauen, was sich in der Folge des 28. Septembers 1985 zeigte: An diesem Tag hatte die linke Szene zu einer Demonstration gegen eine NPD-Veranstaltung in Frankfurt am Main aufgerufen. Es kam zu schweren Gewaltausschreitungen zwischen autonomen Antifa-Gruppen und der Polizei und bei dem Versuch, die rund 1000 Gegendemonstrant*innen durch den Einsatz von Wasserwerfern auseinanderzutreiben, wurde der 36-jährige Günter Sare von einem solchen 26 Tonnen schweren Fahrzeug überfahren und getötet. Zeug*innen bewerteten das Geschehen nicht als Unfall, sondern als Mord, weil das Opfer laut ihren Aussagen deutlich im Scheinwerferlicht des Wasserwerfers zu sehen war und somit eine Tatabsicht bestanden hätte.[25] Zudem äußerte die linke Szene, dass der Kommandeur des Polizeieinsatzes, Winfried Reichert, bereits durch seine strikte Linie gegen die Proteste an der Frankfurter Startbahn West als besonders brutal bekannt war. Schließlich erhoben die Ersthelfer*innen des im Sterben liegenden Günter Sares den Vorwurf, dass die Polizist*innen die Reanimierungsversuche behindert hätten, indem sie aller Bitten zum Trotz keine Scheinwerfer angemacht hätten.[26]

Die Reaktionen der autonomen Antifa-Szene waren enorm: Am 29. September 1985 kam es bundesweit in Dutzenden Städten zu tagelangen schweren Gewaltausschreitungen, Geschäftsplünderungen und Brandanschlägen in Banken, Kaufhäusern und Polizeirevieren. Aber auch im Ausland antworteten Antifa-Gruppen auf die Geschehnisse von Frankfurt: In Kopenhagen demolierten Autonome die Deutsche Botschaft, in Luxemburg wurde ein Bombenanschlag verübt und insgesamt entstand bei über 50 Brandstiftungen ein Sachschaden von über 50 Millionen DM. Allein in Frankfurt, wo die Konsummeile in der Innenstadt mehrfach verwüstet wurde, betrugen die Schäden knapp drei Millionen DM. Bekennerschreiben bezogen sich überwiegend auf den Tod Günter Sares.[27] Autonomer Antifaschismus stand fortan im Fokus der Medien.

Weitere Entwicklungen der autonomen Antifa in den 1980er Jahren

Nachdem zu Beginn der 1980er Jahre autonome Antifa-Strukturen vor allem in Norddeutschland entstanden waren, kam es Mitte des Jahrzehntes verstärkt zu Gründungen und Vernetzungen von antifaschistischen Gruppen im Süden der Bundesrepublik. Eine Initialzündung für diese Entwicklungen waren insbesondere die Ereignisse im bayerisch-schwäbischen Nesselwang vom Frühjahr 1985: Zwischen dem 2. und 5. Mai trafen sich dort ehemalige Angehörige der 3. SS-Panzer-Division ‹Totenkopf› und am darauffolgenden Wochenende versammelten sich alte Kameraden, die in der 1. SS-Panzer-Division ‹Leibstandarte Adolf Hitler› sowie in der 12. SS-Panzer-Division ‹Hitlerjugend› gedient hatten.[28] Initiiert hatte die Treffen ein Verein, welcher der 1951 als ‹Traditionsverband› gegründeten und bis 1992 existenten ‹Hilfsgemeinschaft auf Gegenseitigkeit der Angehörigen der ehemaligen Waffen-SS e. V.› (HIAG) nahestand. In Nesselwang war jedoch die Sorge über den Ruf des beliebten Ferienortes sowie die Furcht vor der Großveranstaltung ‹für Demokratie und Völkerverständigung – gegen Faschismus und Krieg› größer als die Empörung über die Treffen der rechtsextremistischen Verbände. Auf der Gegendemonstration versammelten sich schließlich zahlreiche antifaschistische Organisationen wie die VVN oder der DGB, aber ebenso riefen autonome Gruppen aus Süddeutschland dazu auf, den Nazis im Allgäu Paroli zu bieten. Vor dem Tagungshotel ‹Krone› lieferten sie sich eine erbitterte Straßenschlacht mit der Polizei, sodass die Presse bundesweit von den Ereignissen in Nesselwang berichtete. Sowohl der Staat (inklusive Verfassungsschutz) als auch die Zivilgesellschaft entwickelten fortan ein etwas feineres Sensorium für die Aktivitäten der SS-Veteranen-Verbände.[29]

In Teilen der linksradikalen Szene entstand in diesem Zusammenhang aber auch scharfe Kritik an Antifa-Aktionsformen und Gewaltanwendung. Insbesondere die ‹Demonstrationstaktik› des im Kontext der Neuen Sozialen Bewegungen entstandenen ‹Schwarzen Blocks›, der sich sowohl zur erschwerten Identifizierung der Einzelpersonen als auch zur Beeinträchtigung der Zuordnung von Gewalttaten einheitlich schwarz kleidet und vermummt, entwickelte sich zur Gretchenfrage der antifaschistischen Bewegung: «Wie hast du's mit der Gewalt?» Dabei zeichneten sich bereits Mitte der 1980er Jahre feine Risse im Fundament der autonomen Antifaschistischen Aktion ab, weil eine Strömung stärker auf breite Bündnispolitik zum Beispiel mit Gewerkschaften und schulischen Gruppen setzte, während die andere Strömung allzu sehr auf ihre eigenen militanten Kräfte vertraute. Aus diesem Grund blieben zu dieser Zeit auch einige bundesweite Koordinations- und Vernetzungsbestrebungen ebenso fruchtlos wie der Versuch, im Jahr 1985 ein eigenes feministisches Antifa-Frauen-Treffen ins Leben zu rufen.

Insofern war die autonome Antifa-Bewegung gerade im Begriff, in eine strukturelle Krise zu rutschen, als in der Bundesrepublik heftige Diskussionen über die deutsche Geschichte aufkamen: Eine Empörungswelle löste zunächst die sogenannte ‹Bitburg-Kontroverse› aus, als CDU-Bundeskanzler Helmut Kohl sich anlässlich des 40. Jahrestages der Kapitulation des Deutschen Reiches am 5. Mai 1985 mit dem US-Präsidenten Ronald Reagan an der Gedenkstätte des KZs Bergen-Belsen sowie an einem Soldatenfriedhof im rheinland-pfälzischen Bitburg zu einer Kranzniederlegung traf. Dieser symbolische Akt hatte deshalb internationale Proteste zur Folge, weil auf der Bitburger Gräberstätte neben deutschen Wehrmachtsoldaten ebenso Angehörige der Waffen-SS beerdigt liegen. Unter den vielen Kritiker*innen erklärte beispielsweise der Historiker Heinrich August Winkler, dass Kohls Insistieren auf den Soldatenfriedhof-Besuch wie «der Kontrapunkt zur weltweit beachteten und unvergessenen Demutsgeste eines sozialdemokratischen Bundeskanzlers» wirke,[30] womit er sich auf Willy Brandts Kniefall vor dem Denkmal für die Opfer des Aufstands im Warschauer Ghetto am 7. Dezember 1970 bezog. Andere Historiker*innen und Schriftsteller*innen wie beispielsweise Günter Grass, der allerdings seine eigene Waffen-SS-Angehörigkeit damals verschwieg, warfen Bundeskanzler Kohl Geschichtsklitterung und eine Relativierung der deutschen Schuld am Zweiten Weltkrieg vor.

Nur drei Tage später, am 8. Mai 1985, hielt Bundespräsident Richard von Weizsäcker in einer Gedenkstunde im Plenarsaal des Deutschen Bundestages eine historische Rede mit dem Titel ‹Zum 40. Jahrestag der Beendigung des Krieges in Europa und der nationalsozialistischen Gewaltherrschaft›. Darin sprach er sich für eine neue Lesart des Datums aus, wonach das Kriegsende vom 8. Mai 1945 in erster Linie ein ‹Tag der Befreiung› vom Nationalsozialismus nach beispiellos schuldhafter Verstrickung der Deutschen in ein menschenverachtendes System der Gewaltherrschaft war.[31] In diesem Kontext würdigte der Bundespräsident auch den antifaschistischen Widerstand. Für diesen Perspektivwechsel erntete Richard von Weizsäcker starke Kritik von Teilen der CDU/CSU und der FDP: Über 30 Bundestagsabgeordnete blieben der Rede fern und Franz Josef Strauß erklärte abschätzig, dass «die ewige Vergangenheitsbewältigung als gesellschaftliche Dauerbüßeraufgabe [...] ein Volk [lähme]».[32]

Zum Fluchtpunkt dieser und weiterer Geschichtskontroversen wurde in den Jahren 1986/87 der sogenannte ‹Historikerstreit›, der weniger eine fachwissenschaftliche als vielmehr eine geschichtspolitische Debatte darstellte. Auslöser war die spekulative These des Historikers Ernst Nolte, wonach der Holocaust eine aus der Furcht entstandene Reaktion der Nationalsozialist*innen auf vorangegangene Massenverbrechen und das Gulag-System der Bolschewisten in der Sowjetunion gewesen sei. In seinem Artikel «Eine Art Schadensabwicklung» in der Wochenzeitung *Die Zeit* attackierte der Philosoph Jürgen Habermas Nolte daraufhin scharf, indem er ihn als Vertreter eines ‹revisionistischen› Geschichtsbildes sowie als einen der Bundesregierung nahestehenden Historiker mit «apologetischen Tendenzen» im Umgang mit der deutschen Geschichte bezeichnete.

Die Debatte eskalierte rasch und breitete sich über die Feuilletons bedeutender deutschsprachiger Tages- und Wochenzeitungen aus. Neben Historikern und Wissenschaftlern benachbarter Disziplinen beteiligten sich ebenso Journalisten und Publizisten unterschiedlicher Couleur, sodass es zu einer «deutlichen Lagerbildung innerhalb des intellektuellen Spektrums der Bundesrepublik der 1980er-Jahre» kam:[33] Die konservative Fraktion bezog resolut Position gegen eine aus ihrer Sicht dominierende «Vergangenheitsbewältigungs-Identität» des linksliberalen Lagers, das ein «Bekenntnis zur Einzigartigkeit des Holocaust zum Ankerpunkt einer posttraditionalen kollektiven Identität der (West-)Deutschen erheben wollte».[34] Die Gegner dieses linksliberalen Konsenses wie Ernst Nolte, Michael Stürmer und Andreas Hillgruber befanden dagegen, dass der ständige Verweis auf die NS-Diktatur und die globalgeschichtliche Singularität des Holocaust eine «schwer zu übersteigende Barriere für ein positives Nationalbewusstsein» sei.[35] Aus zeitgenössischer Perspektive kritisieren etliche Historiker*innen an diesem im Stile eines ‹feuilletonistischen Kulturkampfes› ausgetragenen Streit um den im bundesdeutschen Selbstverständnis konstitutiven Erinnerungsimperativ an den Nationalsozialismus insbesondere dessen Ergebnislosigkeit: So erklärte etwa der Kulturhistoriker Nicolas Berg in einem Interview mit dem *Antifaschistischen Infoblatt:*

> «Die Debatte hinterließ nicht mehr Wissen, das macht sie aus heutiger Sicht kritikwürdig. Es wurde über Meinungen und Wertungen gestritten – was legitim ist, aber nicht, wenn es auf Kosten der zur Diskussion stehenden Zusammenhänge geht. Das aber war genau der Fall. Der ‹Historikerstreit› war weniger eine Auseinandersetzung um Erkenntnis als vielmehr ein Streit um Gedächtnis.»[36]

Aus der autonomen Antifa-Bewegung kamen kaum Reaktionen zu diesen Geschichtskontroversen, da sich die linksradikale

Szene zu diesem Zeitpunkt stattdessen vor allem einige Grundsatzfragen zu ihrem Selbstverständnis und zu ihrer Fortexistenz stellte: ‹Richtet sich das antifaschistische Engagement ausschließlich gegen Nazis oder ebenso gegen den Staatsapparat? Welchen Stellenwert hat dabei Gewaltbereitschaft und Militanz? Welche Rolle und Funktion haben politische Bündnisse?›[37] Diese drei Schlüsselfragen stellen im Prinzip auch heute noch die zentralen Streitpunkte der autonomen Antifa-Bewegung dar und sind immer wieder Auslöser für erbitterte Konflikte in der linksradikalen Szene sowie der daraus resultierenden relativen Flüchtigkeit von vielen einzelnen antifaschistischen Gruppen. Vor allem aber nach einem Vorfall im Zusammenhang mit der Flughafenerweiterung in Frankfurt am Main im Herbst 1987 musste sich die autonome Antifa-Bewegung diesen Kernfragen besonders dringlich stellen: Bereits seit den 1960er Jahren existierte der Plan, den Flughafen um eine weitere Startbahn auszubauen. Nachdem sämtliche juristischen Einwendungen der Projekt-Gegner*innen keine Erfolge erzielt hatten, fanden in den Folgejahren zahlreiche Protestaktionen eines breiten Bündnisses gegen die Fertigstellung und die Inbetriebnahme der Startbahn-West im Jahr 1984 statt. Am 2. November 1987 fand die Bewegung gegen die Flughafenerweiterung jedoch ein abruptes Ende, als während einer Demonstration von Autonomen Schüsse in Richtung Polizei fielen. Die beiden Beamten Klaus Eichhöfer und Thorsten Schwalm kamen dadurch ums Leben, neun weitere erlitten zum Teil schwere Verletzungen. Der Sprecher der Bürgerinitiative gegen den Bau der Startbahn erklärte daraufhin, dass die politische Kultur zerfallen sei und der hessische Grünen-Fraktionsvorsitzende Joschka Fischer prognostizierte sogar, dass durch die Überschreitung dieses Tabus «die Zeit der sozialen Bewegungen» vorbei sei.[38] Tatsächlich zerfiel unmittelbar danach die breite Protestbewegung gegen die Startbahn-West und die Neuen Sozialen Bewegungen verloren allgemein an Glaubwürdigkeit und Respektabilität. Ihr Selbstverständnis, eine progressive Gesellschaftskraft zu sein, die durch radikale Basisdemokratie ein selbstbestimmteres, solidarischeres und sozialeres Zusammenleben erreichen will, erlitt durch die Tötungsdelikte an der Frankfurter Startbahn-West irreversiblen Schaden.

Für die autonome Szene und sämtliche militante Gruppen in der Bundesrepublik stellte der 2. November 1987 eine Zäsur dar: Da der Täter aus einer autonomen Gruppe stammte, folgte unmittelbar eine massive staatliche Repressionswelle in Form von zahlreichen Festnahmen, Hausdurchsuchungen und Überwachungen. Ebenso begann nach vielen internen Diskussionen über Gewaltbereitschaft und die Zielsetzungen revolutionärer Politik, die Solidarität innerhalb der autonomen Szene zu bröckeln, sodass viele Aktivist*innen bei den Ermittlungsbehörden aussagten, was wiederum weitere Repressionen für die linksradikale Szene bedeutete. Insofern setzte nach dem Entstehen bundesweiter autonomer Antifa-Strukturen spätestens ab 1987 ein Lähmungs- bzw. Erosionsprozess der Bewegung ein. Der Großteil der autonomen Antifa-Gruppen folgte im Grunde der Devise «Im Kampf gegen Faschismus auf die eigenen Kräfte vertrauen!»,[39] wodurch sie sich einerseits zur Militanz bekannten und sich andererseits von einer Bündnispolitik mit friedlichen antifaschistischen Organisationen (z. B. DGB, VVN-BdA, Jusos) distanzierten. Dieses politische Bekenntnis trieb die autonome Antifa-Bewegung allerdings in die Isolation und sie konnte keine Breitenwirkung in der Gesellschaft entfalten.

Mobilisierungserfolge konnte die antifaschistische Linke in dieser Zeit im Grunde nur dort aufweisen, wo sie von dieser Devise abrückte und breite Bündnisse, etwa mit Gewerkschaften, Parteien und zivilgesellschaftlichen Gruppen, einging. Ein anschauliches Beispiel dafür ist der Protest gegen das von der rechtsextremen Kleinpartei ‹Freiheitliche Deutsche Arbeiterpartei› (FAP) seit 1983 betriebene Schulungszentrum in Mackerode bei Göttingen, das sich ab Mitte der 1980er Jahre zu einem Kristallisationspunkt der Naziszene in Norddeutschland entwickelt hatte. Im Mai 1988 demonstrierten dort auf Initiative eines breiten Göttinger Antifa-Bündnisses ca. 1500 Menschen friedlich neben einem schwarzen Block, der das FAP-Zentrum seinerseits mit Farbbeuteln und Steinen angriff. Im Anschluss an diese Demonstration ereignete sich in Göttingen etwas, das in dieser Zeit symptomatisch für die linksradikale Szene war: Es kam zur Spaltung der antifaschistischen Bewegung in zwei Lager, von denen das eine den Kurs der Bündnisarbeit fortsetzen und das andere sich ausschließlich auf die eigene Stärke verlassen wollte.[40] Dieser Kernkonflikt über die Frage, wie weit der Spagat zwischen explizit friedlichen Bündnispartner*innen und dem eigenen Selbstverständnis von militantem Widerstand erträglich ist, erhielt einen enormen symbolischen Stellenwert und wurde etwa auch in Alternativblättern und Zeitschriften der linken Szene wie der *radikal* ausführlich diskutiert.[41] Zu einem konstruktiven Ergebnis führte dieser Disput allerdings nicht, sodass der Zerfall zahlreicher autonomer Antifa-Strukturen weiter fortschritt.

Dies ereignete sich ausgerechnet in einer Zeit, in der rechte Parteien zunehmend Beachtung erfuhren und teilweise bemerkenswerte Erfolge erzielten: So stellte die bereits 1979 entstandene FAP in den 1980er Jahren die einflussreichste militante Neonazi-Organisation in der Bundesrepublik dar. Ferner rief der rechtsextreme Journalist Franz Schönhuber 1983 in München die sich selbst als ‹rechtskonservativ› definierende Partei ‹Die Republikaner› ins Leben, die sich in den Folgejahren im Hinblick auf Asyldebatten durch Slogans wie «Das Boot ist voll» am rechten Rand des Parteienspektrums profilierte und einen derartigen Populismus in intellektuellen Kreisen diskursfähig machte.[42] Noch direkter und offensiver vertrat solche Positionen die erklärtermaßen nationalistische NPD, die in den 1980er Jahren durch Hetzparolen wie «Ausländer- und Asylantenstopp» Stimmung gegen ‹Asylschmarotzer› machte, dadurch ihren Stimmenanteil bei den Bundestagswahlen zwischen 1983 und 1987 fast verdreifachen konnte und staatliche Wahlkampfkostenerstattung in Millionenhöhe erhielt. Im Januar 1989 konnte die stärkste rechtsextreme Partei der Bundesrepublik sogar mit 7,6% Stimmenanteil in den Westberliner Senat und im März desselben Jahres mit 6,6% in den Stadtrat von Frankfurt am Main einziehen. Ferner wollten etliche neonazistische Organisationen am 100. Geburtstag von Adolf Hitler, am 20. April 1989, durch einen Propagandafeldzug mit Flugschriften und Großkundgebungen für europaweites Aufsehen sorgen. Dazu hatte sich sogar bereits im Jahr 1984 eine Initiative mit dem Namen «Komitee zur Vorbereitung der Feierlichkeiten zum 100. Geburtstag Adolf Hitlers» (KAH) gegründet, die lange im Vorfeld ankündigte, den 20. April 1989 «gebührend zu feiern» und «nationalistische Treue» zu demonstrieren.[43]

Auf diese rechten Erfolge und Umtriebe hatten schließlich alle antifaschistisch gesinnten Kräfte zu reagieren und die Antifa-Bewegung avancierte in dieser Situation «zu einer Klammer für linke Kreise jeglicher Couleur».[44] Viele breite Bündnisse entstanden, denen sich vor allem Jugendliche anschlossen, die sich nicht in ein autonomes oder explizit friedliches Antifa-Lager einordnen lassen, sondern auf lokaler Ebene situationsbedingt die rechten Aktivitäten kontern wollten. Im Zuge der zunehmenden Konflikte zwischen Antifaschist*innen und Rechtsextremist*innen ereignete sich in der Göttinger Innenstadt am 17. November 1989 ein tödlicher Unfall, der einen markanten Einschnitt in der Geschichte der antifaschistischen Bewegung darstellte: Rund 20 Neonazis befanden sich an diesem Freitag auf einer Veranstaltung der rechtsradikalen Partei Liste-D, worauf Antifaschist*innen über ein Notruftelefon zur Gegenreaktion mobilisierten. Infolge der daraus resultierenden Ausschreitungen zwischen beiden Gruppen vertrieben Polizeieinsatzkräfte des ZSK unter Einsatz von CS-Gas und Gummiknüppeln die Antifaschist*innen, wobei die 24-jährige Kornelia ‹Conny› Wessmann von einem fahrenden Auto erfasst und getötet wurde. In einem von einer Antifa-Gruppe aufgenommenen und später veröffentlichten Funkgespräch hatten Polizeibeamte vorher wortwörtlich kommuniziert, die linken Gegendemonstrant*innen «plattzumachen».[45] Die linksradikale Szene startete daraufhin eine bundesweite Mobilisierungswelle, wodurch eine Woche später ca. 20 000 Menschen in Göttingen zu einer Protestaktion gegen Polizei und Neonazis zusammenkamen, die in schweren Straßenschlachten in der Innenstadt kulminierte. Gedenkveranstaltungen und Demonstrationen anlässlich Kornelia ‹Conny› Wessmanns Tod finden bis heute statt. Das Ermittlungsverfahren der Göttinger Staatsanwaltschaft wurde allerdings 1990 eingestellt, da kein Verschulden der beteiligten Polizeieinsatzkräfte festgestellt werden konnte.

Die 1980er Jahre in der DDR

In der Deutschen Demokratischen Republik herrschten dagegen seit jeher andere Bedingungen für antifaschistische Aktivitäten. Seit ihrer Gründung am 7. Oktober 1949 definierte sie sich selbst als antifaschistische Alternative zur Bundesrepublik Deutschland, die aufgrund von politischen, juristischen und ökonomischen Kontinuitätslinien vom Osten als Nachfolgestaat des Deutschen Reiches betrachtet wurde. Da Antifaschismus als zentrales Motiv der Systemkonkurrenz zwischen Ost- und Westdeutschland integraler Bestandteil der Staatsdoktrin in der DDR war, existierten dort nach offizieller Lesart weder rassistische und rechtsextremistische Ressentiments, noch bedurfte es in dem sozialistischen Einparteienstaat einer (antifaschistischen) außerparlamentarischen Bewegung als Korrektiv für solche Tendenzen. Einzelne klandestin agierende Antifa-Gruppen dokumentierten dennoch, dass es insbesondere zu Beginn der 1980er Jahre zu einer starken Zunahme von neonazistischer Gewalt kam und dass sich insgesamt über 700 rassistische Vorfälle und Angriffe – davon ca. 200 pogromartige Krawallen samt Hetzjagden – in der DDR ereigneten, bei denen mindestens 12 Menschen ums Leben kamen.[46] Immer wieder gab es Gründungen kleinerer neonazistischer Gruppierungen, Schändungen jüdischer Friedhöfe, Hakenkreuzschmierereien, rechtsextrem gesinnte Skinhead- und Hooligan-Bewegungen sowie viele Alt-Nazis, die zum Teil auch Kontakte zu rechtsextremen Parteien und Vereinigungen in der BRD hatten.[47]

In der DDR leugneten alle zuständigen Institutionen und Behörden – das Politbüro des Zentralkomitees (ZK) der SED, das Ministerium für Staatssicherheit (MfS), das Ministerium des Inneren (MdI) und der Zentralrat der Freien Deutschen Jugend (FDJ) – diese Gegebenheiten und Tendenzen konstant. Durch die geschichtswissenschaftliche Aufarbeitung zeigte sich jedoch, dass die Behörden allein im Jahr 1959 über 1400 Hetzlosungen und faschistische Schmierereien registriert und sich in den 1960er Jahren neonazistische Gruppen mit Namen wie «Kampfbund nationalsozialistischer Erneuerer des Großdeutschen Reiches» oder «faschistische Lehrlingspartei» gebildet hatten.[48] In den 1970er Jahren ereigneten sich zahlreiche Gewaltattacken auf Gastarbeiter*innen, etwa aus Angola, Kuba und Vietnam. Als sich in dem kriselnden Land im Laufe der 1980er Jahre schließlich zunehmend eine jugendliche Subkultur entwickelte, die den antifaschistischen Anspruch der DDR beim Wort nehmen wollte, reagierte die Staatsführung mit schizophrenem

Unverständnis und Repression: Anstatt diese jugendlichen Gruppierungen zu unterstützen, sahen SED und FDJ ihren Alleinvertretungsanspruch für die Jugend bedroht und ließen die Antifa-Gruppen gezielt durch sogenannte Inoffizielle Mitarbeiter*innen (IM) des Ministeriums für Staatssicherheit ausspähen, unterwandern und ersetzen.[49] In der zweiten Hälfte der 1980er Jahren dokumentierten die DDR-Behörden rund 800 Aktivist*innen, die sich in 38 Gruppen mit den Schwerpunkten in Ostberlin, Leipzig und Potsdam organisierten und auf viele Sympathisant*innen zählen konnten.[50] Der Staat versuchte, sämtliche Aktivitäten antifaschistischer Gruppen zu verbieten, und lieferte dazu folgende Begründung: «Die FDJ ist die einzige Jugendorganisation der DDR, sie ist von Grund auf antifaschistisch und damit sind bereits alle antifaschistischen Jugendlichen der DDR vertreten.»[51]

Gegen die zunehmenden rassistischen Gewaltattacken sowie Neonazi- und Skinhead-Strukturen ging die SED-Führung allerdings kaum vor. Offiziell existierten Rechtsradikalismus und -extremismus in der DDR überhaupt nicht, bis es schließlich am 17. Oktober 1987 zu einem einschneidenden Ereignis kam: An diesem Samstagabend spielte die West-Berliner Rockband ‹Element of Crime› ein inoffizielles Konzert vor ca. 2000 Zuhörer*innen in der neoromantischen Zionskirche im Ostteil der Stadt. (Unter dem Dach der evangelischen Kirchen trafen sich in der DDR oftmals zivilgesellschaftliche Gruppen wie z. B. die Friedens-, die Menschenrechts-, die Umweltbewegung und schließlich ebenso die autonome Antifa). Als sich nach Ende des Auftritts noch rund 400 junge Fans am Veranstaltungsort befanden, stürmten plötzlich etwa 40 Skinheads unter Parolen wie «Sieg Heil», «Juden raus aus deutschen Kirchen» und «Kommunistenschweine» die Kirche am Prenzlauer Berg und schlugen Konzertbesucher*innen brutal zusammen.[52] Besonders skandalös war dabei die Tatsache, dass sich zu diesem Zeitpunkt die Volkspolizei mit mehreren Streifenwagen und vollbesetzten Mannschafts-LKW in unmittelbarer Nähe aufhielt und das Geschehen teilweise beobachtete, aber trotz Hilferufen nicht einschritt. Die Skinheads konnten den Tatort anschließend per Straßenbahn unbehelligt verlassen und erst nachdem einige Notrufe in der Polizeizentrale eingegangen waren und ein Teil der rechten Gruppe einen Schwulentreff auf der Schönhauser Allee überfallen hatte, kam es zu einigen Festnahmen und Ermittlungen liefen an.

Da Medien aus der Bundesrepublik kritisch über den Skinhead-Überfall und die polizeilichen Nicht-Reaktionen berichteten, stand die SED-Führung unter Zugzwang, sodass das Ministerium für Staatssicherheit das weitere Prozedere diktierte: Ende November 1987 begannen vor dem Stadtbezirksgericht Berlin-Mitte die Verhandlungen gegen die vier Hauptangeklagten, die in einer Art Schauprozess nach den Paragraphen 215 (‹Rowdytum›) und 220 (‹Staatsverleumdung›) des DDR-Strafrechts zu Haftstrafen zwischen einem und zwei Jahren verurteilt wurden. Als darauf einige Prozessbeobachter*innen den Urteilsspruch als zu milde kritisierten, ließ das Gericht ohne erneute Beweisaufnahme, aber nach persönlicher Genehmigung durch DDR-Staatschef Erich Honecker, das Strafmaß erhöhen, sodass der Hauptangeklagte für vier Jahre ins Gefängnis musste.

Die zuständigen Behörden und Institutionen dachten sich zunächst zwar bestimmte Sprachregelungen zur Bagatellisierung des Problems aus, jedoch erkannten sie allmählich, dass das tief verwurzelte rassistische und rechtsextreme Gedankengut in der Gesellschaft nicht weiter unter dem Deckmantel der antifaschistischen DDR-Staatsräson verheimlicht werden konnte. Als Reaktion auf internationale Berichte über die ostdeutsche Skinhead-Szene beschloss die SED-Führung gemeinsam mit der

Freien Deutschen Jugend und dem DDR-Geheimdienst, dass die staatlichen ‹Sicherheitsorgane› rassistische und rechtsextreme Umtriebe stärker ahnden und aus dem öffentlichen Leben verbannen sollten. Laut einer staatlich-internen Anweisung sollte Skinheads der Zugang zu sämtlichen öffentlichen Einrichtungen wie Diskotheken, Jugendclubs, Kinos und Kneipen verwehrt und bei Verstoß dagegen die Volkspolizei informiert werden. In der systemkritischen linken Szene löste dieser Vorstoß nicht nur Begeisterung aus, denn die Staats- und Parteiführung betrachtete die lose strukturierten jugendlichen Antifas nicht als Partner, sondern vielmehr als Konkurrenz, weil sie nicht in das Propagandabild der realsozialistischen DDR passten.

Die erste über einen längeren Zeitraum existierende autonome Antifa-Gruppe entstand unter dem unmittelbaren Eindruck des Neonazi-Überfalls auf die Zionskirche noch im November 1987 in Potsdam. In Ost-Berlin wollten Betroffene der Gewaltattacke aus dem Umfeld der oppositionellen evangelischen Basisgruppe ‹Kirche von Unten› (KvU) eine sogenannte ‹Anti-Nazi-Liga Berlin› ins Leben rufen, die allerdings in der Entwicklungsphase stecken blieb. Erst als Neonazis auch in der DDR Vorbereitungen für eine Großveranstaltung zum 100. Geburtstag von Adolf Hitler am 20. April 1989 trafen, kam es zur Gründung der ‹Autonomen Antifa Berlin (Ost)›, aus der sich in der Folgezeit einige Subgruppen wie eine ‹Ausländer-›, eine ‹Jugendarbeits-› und eine ‹Theatergruppe› sowie eine Zeitungsredaktion entwickelten, die bis zu ihrer Auflösung im Sommer 1990 noch drei Ausgaben des *Antifa-Infoblatt Ostberlin* publizierten. In Dresden entstand infolge des Schlüsselereignisses in der Zionskirche eine ‹Anti-Nazi-Liga›, die sogar zur Kooperation mit der FDJ bereit war, jedoch von dieser keine Beachtung fand. In Halle an der Saale existierte schließlich für kurze Zeit eine von der Punkszene dominierte Antifa-Gruppe, die Kampfsport für den Straßenwiderstand gegen Neonazis trainierte und sich deshalb den militanten Namen ‹Skinhead-Vernichtungs-Kommando› (SVK) gab.[53] Zu einem nennenswerten Austausch zwischen diesen ostdeutschen und westdeutschen Antifa-Gruppen kam es in der Endphase der DDR allerdings nicht mehr. Für die unabhängige Antifa-Bewegung war es ein Glücksfall, dass sich die Ereignisse Ende der 1980er Jahre in einem fort überschlugen, sodass die Staatsführung gar nicht ausreichend Personal- und Zeitressourcen aufbringen konnte, um stärkere Repressionen auf diese auszuüben.[54]

Zwischen dem Fall der Berliner Mauer am 9. November 1989 und der deutschen Wiedervereinigung am 3. Oktober 1990 ereignete sich das, was in der Zeitgeschichte oftmals als ‹das kurze Jahr der Anarchie› bezeichnet wird: Ein Staat löste sich auf und der andere war noch nicht da, wodurch sich ein Gefühl fast unbeschränkter Freiheit einstellte. Als den Bürger*innen der ehemaligen DDR über Nacht die Welt plötzlich offen stand, wurde die alte Spontiparole «legal, illegal, scheißegal» nicht im Westen, sondern im Osten zur Maxime.[55] Es war eine Zeit der kreativen Selbstbefreiung und -ermächtigung, in der in leer stehenden und bald besetzten Häusern Kulturcafés eröffneten und Kunstausstellungen sowie Konzerte aller Couleur stattfanden. Die Gedanken waren frei, der Zauber von Freiheit lag in der Luft und der Fantasie schienen keine Grenzen gesetzt zu sein: Einige Ostberliner*innen streuten im Frühjahr 1990 zusammen mit ehemaligen NVA-Soldat*innen auf dem Geländebereich der innerdeutschen Grenze zehn Tonnen Lupinensamen aus, um den einstigen ‹Todesstreifen› in ein farbiges Blütenmeer zu verwandeln. In Leipzig riefen etliche Bürger*innen einen eigenen Fernsehsender ohne Lizenz ins Leben, weil sie auf der Stelle eine Alternative zu der jahrzehntelangen Staatspropaganda aufbauen und nicht auf die Ausweitung der öffentlichen Rundfunkanstalten aus dem Westen warten wollten. Im Dresdener Stadtteil Äußere Neustadt entstand im Frühjahr 1990 sogar ein Fantasiestaat, die ‹Bunte Republik Neustadt› (BRN), in der es unter anderem ein eigenes Ausweisdokument (der ‹bunte Pass›), eine eigene Währung (‹Punknoten›) und Ministerien für ‹Wehrkraftzerfetzung›, ‹Unkultur und Unterseeboote› und ‹Pfuinanzen und andere Kirchenfragen› gab.[56] Die einst so strikten Gesetze, Regeln und Vorschriften waren ob dieses anarchischen Zeitgeists für viele Aktivbürger*innen obsolet geworden, weil die Exekutive und sonstige Vertreter*innen des Systems jegliche Autorität, Macht und Schrecken verloren hatten.[57]

Für die antifaschistische Linke aus dem sozio-politischen Milieu der DDR-Oppositionsbewegung taten sich im ‹kurzen Jahr der Anarchie› viele ideelle und materielle Freiräume auf. Besonders die Ostberliner Stadtteile Friedrichshain und Prenzlauer Berg, wo ganze Straßenzüge leer standen, avancierten zu einem El Dorado für Hausbesetzer*innen. In dem «politischen und rechtlichen Interregnum zwischen der Nicht-mehr-DDR und der noch nicht wiedervereinigten Bundesrepublik»[58] waren im Sommer 1990 in Ostberlin über 100 Häuser besetzt. Das Machtvakuum im Kontext der Erosion der DDR nützte allerdings nicht nur der linken Szene, sondern ebenso den Neonazis: Zwischen Dezember 1989 und Februar 1990 kam es zu einer weitreichenden strafrechtlichen Amnestie, infolge derer über 15 500 politische Gefangene – darunter etliche Rechtsextremist*innen – der DDR frei gelassen wurden. Insofern mussten die Hausbesetzer*innen ihre just okkupierten ‹Freiräume› oftmals prompt in regelrechte ‹Käfige› umbauen, um sich vor neonazistischen Übergriffen zu schützen. Bemerkenswert ist dabei, dass zur Verbarrikadierung der Fenster teilweise die Metallzaunfedern der demontierten DDR-Grenzanlagen dienten.[59]

Das Weltbild der Rechtsextremist*innen hatte sich während

der Inhaftierung unter einigen Geistesverwandten oftmals bewahrt beziehungsweise sogar verstärkt. Nach der Entlassung aus dem Gefängnis fanden sie nicht selten rasch Anschluss an neonazistische Strukturen und Führungspersonen aus der Bundesrepublik, wodurch sie sich weiter radikalisierten.[60] Dazu kamen noch einige andere Faktoren, welche die starken rechtsextremen Tendenzen in Ostdeutschland in der Folgezeit beförderten: So existierte in der ehemaligen DDR eine nur schwach entwickelte demokratische Zivilgesellschaft, die sich nach 1989/90 in einer veritablen Identitäts- und Orientierungskrise befand, mit rapide ansteigenden sozialen Problemen wie flächendeckender Arbeitslosigkeit, zunehmendem Nationalismus und wachsender ‹Fremdenfeindlichkeit› kämpfen musste und deren Jugend alles bisher Etablierte, aber ebenso neue politische Eliten radikal infrage stellte.[61] Jedoch entluden sich nicht nur in Ostdeutschland rassistische und rechtsextremistischen Ressentiments in der Nachwendezeit in pogromartigen Krawallen, ‹fremdenfeindlichen› Ausschreitungen und Gewaltattacken gegenüber der radikalen Linken, wie ein Blick auf die 1990er Jahre dies- und jenseits der ehemaligen innerdeutschen Grenze zeigt.

Entwicklungen in den 1990er Jahren

Nach dem Fall der Mauer, der deutschen Wiedervereinigung und dem Ende des Kalten Krieges kam es zu Beginn der 1990er Jahre zu signifikanten Koordinatenverschiebungen in der Politik, die auch die autonome Antifa-Bewegung in eine tiefe Sinnkrise stürzten. Es entstand zwar innerhalb der radikalen Linken bereits im November 1989 ein bundesweites Bündnis, das sich unter dem Slogan «Nie wieder Deutschland!» gegen Antisemitismus, Faschismus, Nationalismus und Rassismus positionierte und sich beispielsweise am 3. Oktober 1990 zu einer Demonstration (Motto: «Deutschland, halt's Maul») im Zentrum Berlins mit über 15 000 Teilnehmer*innen versammelte. Jedoch konnte dieser punktuelle Mobilisierungserfolg nicht darüber hinwegtäuschen, dass die antifaschistische Bewegung trotz linker Infrastrukturen wie Alternativzeitschriften, Kulturzentren und Szene-Treffpunkten im allgemeinen Freudentaumel der Deutschen Einheit unter starkem Bedeutungsverlust litt.[62]

Im Sommer 1991 beklagte die sehr aktive und einflussreiche Gruppe ‹Autonome Antifa [M]› aus Göttingen in einem ‹Diskussionspapier zur autonomen Organisierung› die «fehlende Kontinuität und Verbindlichkeit» autonomer Politik, wodurch die linksradikale Szene in die «gesellschaftliche Isolation» geraten sei und sich in «subkulturellen Nischen» zurückgezogen habe. Als Reaktion darauf sollte die Antifaschistische Aktion «neue linksradikale Orientierungspunkte [...] setzen, anstatt sich frustriert auszuklinken oder kollektiv als politisch zahnlose Folkloretruppe zu enden».[63] Die ‹Autonome Antifa [M]› schlug in ihrem Diskussionspapier deshalb vor, dass sich die antifaschistische Bewegung in Zukunft stärker den Charakter einer Organisation aneignen sollte: Die Göttinger Gruppe regte unter anderem an, breitere Bündnisse und Kampagnen anzustreben, verstärkt Bildungs-, Presse- und Öffentlichkeitsarbeit zu leisten und bundesweite Treffen zu veranstalten, auf denen die Delegierten der einzelnen autonomen Antifa-Gruppen ein imperatives Mandat haben sollten.[64] Ebenso ging es der ‹Autonomen Antifa [M]› neben der Etablierung von verbindlichen Kommunikationskanälen und Strukturen verstärkt um eine progressive Kulturarbeit, durch die langfristig auf die gesellschaftlichen Verhältnisse eingewirkt werden sollte. Die linksradikale Szene diskutierte das Schreiben intensiv und trotz Kritik an den Hierarchievorstellungen dieses Konzeptes kam es schließlich zur Gründung der ‹Antifaschistischen Aktion/Bundesweite Organisation› (AA/BO). Konkrete Reformschritte rückten jedoch abrupt in den Hintergrund, als sich in den ersten Nachwendejahren die rassistischen und rechtsextremen Ereignisse überschlugen, stereotype Neonazis (Glatze, Baseballschläger, Bomberjacke, Springerstiefel mit weißen Schnürsenkeln) in Ostdeutschland die Straßen dominierten und die Öffentlichkeit keine Schutzzone mehr bildete. Dass dies tatsächlich struktureller Rechtsterror und keine Einzelfälle waren, haben seit Oktober 2019 tausende *Twitter*-User*innen unter dem Hashtag ‹Baseballschlägerjahre› dokumentiert, indem sie ihre Erfahrungen und Erlebnisse von Gewalt, Hass und Rassismus aus den Jahren nach der deutschen Wiedervereinigung schilderten.

Pogromartige Gewaltausschreitungen nach der Wiedervereinigung

Im Frühjahr 1990 veröffentlichten die Fernsehjournalistin Lea Rosh und der Historiker Eberhard Jäckel nach jahrelanger Recherche den vierteiligen Dokumentarfilm ‹Der Tod ist ein Meister aus Deutschland›, der die Deportation und Ermordung der Juden aus 17 europäischen Ländern thematisiert. Bald schon entwickelte sich der aus Paul Celans Gedicht «Todesfuge» stammende Titel der Fernsehserie und des dazugehörigen, mit dem Geschwister-Scholl-Preis ausgezeichneten Buches zu einem Leitspruch der linksradikalen Bewegung und war in den Folgejahren auf vielen Transparenten bei Demonstrationen zu lesen. Anlass dafür waren das rasche Erstarken neofaschistischer Strukturen, die rassistischen Gewaltausschreitungen sowie die Brandanschläge und tödlichen Angriffe auf Nicht-Deutsche und Antifaschist*innen zu Beginn der 1990er Jahre. Oftmals werden in diesem Kontext die vier Städtenamen ‹Hoyerswerda›, ‹Rostock-

Lichtenhagen›, ‹Mölln› und ‹Solingen› in stereotyper Reihung aufgelistet; tatsächlich ereigneten sich in den ersten Jahren der Deutschen Einheit jedoch tausende rechtsextrem motivierte Gewalttaten: Das Bundeskriminalamt sowie eine Chronik der *taz* zählten für das Jahr 1991 insgesamt 1483 solcher Fälle, was bereits einen fünffachen Anstieg im Vergleich zum Vorjahr darstellte. Nach offiziellen Statistiken des Bundesamtes für Verfassungsschutz kam es 1992 und 1993 zusammen sogar zu 5161 dokumentierten rechtsextremen Gewalttaten. Allein im Jahr 1993 fanden 311 Brandanschläge und drei Sprengstoffattentate auf bundesdeutschem Territorium statt.[65] In Anbetracht der enormen Dunkelfelder bei rechten Gewalttaten ist zu vermuten, dass diese Zahlen allerdings lediglich einen Ausschnitt der Realität abbilden. Dutzende Menschen kamen in diesen Jahren durch Neonazis ums Leben. Rassismus und Rechtsradikalismus – flankiert von Sätzen wie «Deutschland den Deutschen, Ausländer raus!» – waren die «hässlichste Erscheinung nach der Wiedervereinigung»[66] und lösten auch im Ausland große Besorgnis über die Frage aus, ob der deutsche Nationalismus sein bedrohliches Haupt erneut erhebe.

In dieser Zeit stieg die Flucht- und Zuwanderungsbewegung in die Bundesrepublik stetig an: Bereits nach einem Militärputsch in der Türkei im Jahr 1980 kamen zahlreiche Geflüchtete nach Deutschland; wenig später flohen hunderttausende Menschen aus den Bürgerkriegsgebieten im ehemaligen Jugoslawien; und zudem wanderten zu Beginn der 1990er Jahre fast zwei Millionen deutschstämmige Spätaussiedler*innen sowie zehntausende sogenannte ‹jüdische Kontingentflüchtlinge› aus den Nachfolgestaaten der Sowjetunion in die Bundesrepublik ein. Insgesamt stellten zwischen 1988 und 1994 ca. 1,5 Millionen Menschen einen Asylantrag und dennoch betonte die Regierung unter Bundeskanzler Helmut Kohl unablässig, dass Deutschland kein Einwanderungsland sei und dass «energisches Handeln» gegen den «Missbrauch des Asylrechts» geboten sei.[67]

Bei einer derartigen zuwanderungsskeptischen Haltung der Bundesregierung verwunderte es kaum, dass rechtspopulistische Strömungen und Parteien wie die Republikaner in dieser Zeit durch Schreckensvisionen von ‹Überfremdung› sowie durch Debatten über ‹Scheinasyl› und ‹Wirtschaftsflucht› das politische Klima weiter kontaminierten. Zum zentralen Reizwort entwickelte sich dabei die Vokabel ‹Asylant›, die klangbildlich nicht nur eine assoziative Nähe zu den Substantiven ‹Bummelant›, ‹Querulant› und ‹Simulant›, sondern auch zu dem Adjektiv ‹deviant›, also von der Norm des sozialen Verhaltens abweichend, suggeriert.[68] Ebenso problematisch ist in diesem Kontext die Verwendung der Bezeichnung ‹Flüchtling› zu sehen, weil das Ableitungssuffix ‹-ling› wie beispielsweise auch bei den Begriffen ‹Emporkömmling›, ‹Schönling› oder ‹Schreiberling› zu einer Verkleinerung und dadurch nicht selten zu einer Abwertung des Wortstammes führt, weil es für etwas Geringwertiges steht.

Das Fanal für die Flut an rassistisch und rechtsextrem motivierten Gewalttaten bildeten die Ereignisse im sächsischen Hoyerswerda vom 17. September 1991: An diesem Dienstagabend pöbelten auf dem Stadtmarkt zunächst acht angetrunkene jugendliche Neonazi-Skinheads vietnamesische Händler*innen an, die gerade ihre Stände abbauten. Die Betroffenen suchten daraufhin Zuflucht in einem Wohnheim für Geflüchtete und Vertragsarbeiter*innen, wohin ihnen ein Mob von ein paar dutzend Rechten folgte und das Gebäude mit Flaschen und Steinen bewarf. Erst nach drei Tagen hatte die Polizei dort die Lage unter Kontrolle, bevor die Neonazi-Skinheads zu einer anderen Unterkunft für Geflüchtete weiterzogen. Als sich die Krawalle dort fortsetzten, kapitulierten schließlich die Verantwortlichen aus Politik und Verwaltung vor dem rechten Mob und das Landratsamt Hoyerswerda ließ verkünden: «Es besteht einheitliche Auffassung dazu, dass eine endgültige Problemlösung nur durch Ausreise der Ausländer geschaffen werden kann.»[69] Unter Parolen wie «Hoyerswerda ausländerfrei!» und Kommentaren wie «Wir sind die ersten in Deutschland, die es geschafft haben, das Gesocks zu verjagen» wurden die rund 150 Menschen aus Rumänien und Vietnam mit Verkehrsbussen aus der sächsischen Stadt gebracht und in Unterkünfte im Umland verteilt.[70] Der damals amtierende sächsische Ministerpräsident Kurt Biedenkopf (CDU) resignierte ebenfalls und erklärte lediglich, dass Sachsen in Zukunft weniger Asylsuchende aus dem Westen zugeteilt bekommen solle.[71]

Ein Polizeiversagen noch größeren Ausmaßes ereignete sich im Zusammenhang mit dem Pogrom von Rostock-Lichtenhagen im August 1992: In dem rund 15 000 Einwohner*innen zählenden Stadtteil befand sich damals Mecklenburg-Vorpommerns ‹Zentrale Aufnahmestelle für Asylbewerber›, an die sich alle Asylsuchenden wenden mussten, bevor sie eine Unterkunft in diesem Bundesland zugewiesen bekamen. Als die Asylanträge in der Bundesrepublik im Jahr 1992 einen historischen Höchststand erreichten, war die Stelle wochenlang vollkommen überfüllt, sodass ca. 200 Geflüchtete in ihrer Not tagelang ohne lebensnotwendige Versorgung und sanitäre Einrichtungen auf der Wiese beziehungsweise im Dreck campierten. Rechtsradikale Parteien wie die NPD und die DVU feuerten die fremdenfeindliche Stimmung an, indem sie tausendfach Flugblätter mit der aufstachelnden Parole «Rostock bleibt Deutsch» verteilten und auf Kundgebungen erklärten, «das Asylantenproblem selbst in die Hand zu nehmen».[72] Kurz vor Beginn des rassistischen Pogroms veröffentlichte die *Ostsee-Zeitung* (OZ) bereits einen Bericht, in dem rechte Jugendliche folgenschwere Gewalt gegen die Asylsuchenden androhten und erschreckend zutreffend voraussagten, dass die Anwohner*innen aus den Fenstern schauen und Beifall klatschen werden.[73]

Diese Schreckensvision wurde bald schon fürchterliche Realität, als am Nachmittag des 22. August 1992 die Situation vor der ‹Zentralen Aufnahmestelle für Asylbewerber› eskalierte: Jugendliche Neonazis und Nachbarn der Sammelunterkunft bepöbelten zunächst die Geflüchteten, worauf sich in kürzester Zeit ein rechter Mob aus tausenden Menschen zusammenrottete. Flaschen, Steine und Brandsätze wurden geworfen, sodass zahlreiche Fensterscheiben zerbarsten und die Bewohner*innen um ihr Leben fürchteten. Betrunkene schwenkten Reichskriegsfahnen, streckten den rechten Arm zum Hitlergruß und skandierten nationalistische Parolen wie «Deutschland den Deutschen, Ausländer raus!» und «Wir kriegen euch alle!».[74] Tausende Schaulustige tolerierten und bejubelten die Gewaltexzesse, während die Polizei die Lage nicht unter Kontrolle bekam und die Feuerwehr durch den rechten Mob an der Durchfahrt behindert wurde. Die Ereignisse stellten eine neue Dimension rechter Gewalt in der Bundesrepublik dar.

In den Folgetagen setzten sich diese Szenen fort: Die rassistischen Krawalle in Rostock-Lichtenhagen zogen Neonazis aus dem kompletten Bundesgebiet an. Die Gewalt gegenüber den Geflüchteten und deren Unterkunft bekam dabei Volksfestcharakter, als sogar Imbissbuden aufgestellt wurden, um die rechtsradikalen Randalierer*innen mit Essen und Getränken zu versorgten. Als die Polizei selbst nach dem Eintreffen weiterer Einsatzkräfte außerstande war, die Ausschreitungen in den Griff zu bekommen, und sich immer wieder zurückzog, entschlossen sich die zuständigen Behörden nach langem Zögern zur Evakuierung der Sammelunterkunft. Eine Entschärfung der Situation hatte diese Entscheidung jedoch nicht zur Folge: Am Abend des 24. August stürmte der rechte Mob das Gebäude, demolierte die Einrichtung und legte schließlich ein Feuer, während sich ca. 150 Personen darin befanden. Erneut versperrten Neonazis und Schaulustige der Feuerwehr den Zufahrtsweg zur Sammelunterkunft und es war letztendlich enormes Glück, dass sich die in den Flammen eingeschlossenen Menschen über das Dach des Baus in ein Nachbarhaus retten und so dem Tod knapp entkommen konnten.

Als unmittelbare Konsequenz aus dem Pogrom erklärte der Ministerpräsident von Mecklenburg-Vorpommern, Berndt Seite (CDU): «Die Vorfälle der vergangenen Tage machen deutlich, dass eine Ergänzung des Asylrechts dringend erforderlich ist, weil die Bevölkerung durch den ungebremsten Zustrom von Asylanten überfordert wird.»[75] Die Staatsanwaltschaft leitete anschließend Ermittlungen gegen ca. 400 Personen ein, die im Zuge der Gewaltausschreitungen zwischen dem 22. und 26. August 1992 festgenommen worden waren. Letztendlich kam es in kurzen Prozessen in den Jahren 1993/94 jedoch nur zur Verurteilung von rund 40 Jugendlichen, die aufgrund von Brandstiftung und Landfriedensbruch vor allem Geld- und Bewährungsstrafen erhielten; lediglich vier Neonazis mussten eine Haftstrafe für einen Zeitraum zwischen zwei und drei Jahren antreten. Auch politisch zog man kaum konsequentere Schlussfolgerungen aus dem Pogrom. Statt auf die rassistischen und rechtsextremistischen Aktivitäten zu reagieren, begnügte man sich mit der Begrenzung von Zuwanderung: Gastarbeiter*innen sollten durch Rückkehrprämien dazu bewegt werden, die Bundesrepublik wieder zu verlassen. Allen voran kam es im Dezember 1992 schließlich zu der bereits seit langem debattierten Änderung von Artikel 16 des Grundgesetzes, wonach fortan nur noch Geflüchtete ein Recht auf Asyl hatten, die nicht aus einem sicheren Drittstaat einreisten, was einer de facto Abschaffung des Asylrechts entsprach. In der Erinnerungskultur hat sich Rostock-Lichtenhagen als Chiffre für offen ausgelebte ‹Fremdenfeindlichkeit› im wiedervereinigten Deutschland verankert.

Doch nicht nur in Ostdeutschland randalierten rassistische Mobs vor Unterkünften für Geflüchtete. Im Mannheimer Stadtteil Schönau rotteten sich bereits im Mai und Juni 1992 tagelang hunderte Menschen vor einer Sammelunterkunft für Geflüchtete aus Jugoslawien, dem Irak und der Türkei zusammen, weil sich zuvor das Gerücht verbreitet hatte, ein afrikanischer Asylbewerber habe ein 16-jähriges Mädchen vergewaltigt. Selbst nachdem dies als Falschmeldung dementiert worden war, skandierte in den Folgetagen ein aufgebrachter Mob weiterhin rechtsradikale Parolen vor dem Gebäude und bewarf dieses mit Böllern, Flaschen und Steinen. In diesem Fall konnte das resolute Eingreifen der Polizei Schlimmeres verhindern. Für besondere Empörung bei den antifaschistischen Gegendemonstrant*innen sorgte jedoch, dass sowohl der Oberbürgermeister der Stadt, Gerhard Widder (SPD), als auch die einflussreichste Tageszeitung der Rhein-Neckar-Region, der *Mannheimer Morgen*, konziliant auf die rechten Gewaltausschreitungen reagierten, diese als ‹unpolitisch› interpretierten und partout nicht von ‹Rassismus›, ‹Rechtsextremismus› oder ‹Fremdenfeindlichkeit› sprechen wollten. Aus diesem Grund sind diese rassistischen Krawalle im kollektiven Gedächtnis der bundesdeutschen (Protest-)Geschichte nicht so präsent wie einige andere pogromartige Exzesse in dieser Zeit, allerdings stellt ‹Mannheim-Schönau› ebenso einen von vielen «Höhepunkten in einer Kette von Angriffen auf Geflüchtete und deren Unterkünfte nach der deutschen Wiedervereinigung» dar.[76]

Aus soziologischer Perspektive lassen sich die rechten Gewaltausschreitungen der frühen 1990er Jahre als ‹konformistische Revolte› einordnen: Damit wird ein rechtsextremistisches Phänomen bezeichnet, das «keine Auflehnung gegen, sondern ein[en] schriller Schrei nach autoritären Lösungen» darstellt.[77] Die ‹Rebellierenden› befinden sich in einer Situation, in der eine für sic idealisierte Autorität wie etwa der Staat «nicht mehr in der Lage ist, die bewunderte und gefürchtete Stärke, die Fähigkeit zu ‹Ordnungsstiftung› und ‹Durchgreifen› auszustrahlen».[78] Deshalb spüren sie gleichzeitig zwei Impulse: Einerseits wollen sie Respekt vor der Obrigkeit – also dem Staat oder der Nation als imaginiertem Kollektiv – demonstrieren; andererseits wollen sie narzisstische Potenzfantasien ausleben.[79] Die ‹Rebellierenden› setzen Gewalt «als Zeichen und Signalsystem gesellschaftlicher Ordnung» gegen Minderheiten, Ohnmächtige und Schwache ein und denken dabei, ganz im Sinne der idealisierten Autorität zu handeln.[80] Für solch eine ‹konformistische Revolte› bedarf es keines direkten Befehls, da die Akteur*innen behaupten, das Gewollte der Autorität antizipieren zu können; Schaulustige und die Resonanz von Presse, Fernsehen und Rundfunk verstärken zudem das Format der Gewalteskalation.[81]

Im Jahr 1992 stieg die fremdenfeindliche Gewalt in der Bundesrepublik derart stark und flächendeckend an, dass es «weder eine unangemessene Analogie zu den antisemitischen Verbrechen vom November 1938 noch eine ‹Moral-› oder gar ‹Auschwitzkeule› [ist], die rassistischen Exzesse als Pogrome zu bezeichnen», so die Historikerin Franka Maubach.[82] Einen traurigen Höhepunkte dieser Entwicklung bildete zunächst der Brandanschlag in der schleswig-holsteinischen Kleinstadt Mölln, bei dem in der Nacht zum 23. November 1992 drei Menschen – Yeliz Arslan (10), ihre Cousine Ayşe Yilmaz (14) sowie deren 51-jährige Großmutter, Bahide Arslan – ums Leben kamen. Die beiden rechtsradikalen Täter hatten zuvor Feuer in zwei Wohnhäusern von türkischen Familien entfacht und sich bei der Polizei telefonisch mit «Heil Hitler!» gemeldet. Am ersten Brandherd konnten sich die Bewohner*innen noch in Sicherheit begeben, am zweiten kam jede Hilfe zu spät.

Nach diesen tödlichen Anschlägen in der norddeutschen Idylle resümierte der *Spiegel*, dass sich die Bundesrepublik verändert habe: «Fremdenhass und Gewalt gegen Ausländer, so wird plötzlich klar, haben sich krebsartig in der Gesellschaft ausgebreitet – Folge jahrelanger Verharmlosung und Verdrängung des rechten Terrors durch Justiz und Regierende.»[83] Die Zivilgesellschaft reagierte bundesweit mit Lichterketten auf die rassistische Gewaltserie: In München versammelten sich am Nikolaustag 1992 sogar ca. 400 000 Menschen mit Kerzen in den Händen, um ein Signal gegen Rassismus zu setzen.[84] Vor allem die junge Bevölkerung forderte eine Reaktion auf diese Verbrechen und auch Bundespräsident Richard von Weizsäcker setzte sich für eine Reform des Staatsbürgerrechts ein, zu der es allerdings erst unter der rot-grünen Regierungskoalition im Jahr 2000 kam, weil konservative Politiker*innen daran festhalten wollten, dass Deutschland kein Einwanderungsland sei.[85] Insofern verwundert es nicht sonderlich, dass Bundeskanzler Helmut Kohl der Trauerfeier für die Opfer von Mölln mit der Begründung fernblieb, er sei für ‹Beileidstourismus› nicht zu haben.

Knapp sechs Monate nach dem tödlichen Brandanschlag von Mölln starben in der Nacht vom 28. auf den 29. Mai 1993 im nordrhein-westfälischen Solingen erneut türkischstämmige Menschen durch eine rassistische Gewalttat: Saime Genç (4), Hülya Genç (9), Gülüstan Öztürk (12), Hatice Genç (18) und Gürsün İnce (27) hatten keine Chance, als vier Neonazis das Fachwerkhaus in Brand setzten. Das Gebäude stand bereits lichterloh in Flammen, als die Feuerwehr eintraf.[86] Drei Tage zuvor hatte der Deutsche Bundestag durch eine zur Grundgesetzänderung nötige Zweidrittelmehrheit durch die Regierungskoalition aus CDU/CSU und FDP sowie der Zustimmung der SPD-Opposition die Einschränkung des Asylrechts beschlossen. Durch die Begrenzung der Zuwanderung sollte den Rechtsextremist*innen das Betätigungsfeld limitiert und die rassistische Gewalt eingedämmt werden, so das Kalkül vieler Politiker*innen. Stattdessen folgte unmittelbar darauf der bis zu diesem Zeitpunkt tödlichste rassistische Anschlag in der Geschichte der Bundesrepublik. An diesen rassistischen und rechtsextremen Exzessen der frühen 1990er Jahre zeigt sich der Wahrheitsgehalt eines Zitats des hessischen Generalstaatsanwaltes und Verantwortlichen für das Zustandekommen des Auschwitz-Prozesses, Fritz Bauer: «Ich glaube [...], dass die Zivilisation eine dünne Decke ist, die sehr schnell abblättert.»[87]

Auf die zunehmende Verbreitung des Rechtsextremismus unter Jugendlichen reagierten Gesellschaft und Politik insbesondere mit dem sozialarbeiterischen Konzept der ‹akzeptierenden Jugendarbeit›, das der Erziehungswissenschaftler Franz Josef Krafeld zu Beginn der 1990er Jahre an der Hochschule Bremen entwickelt hatte: Demnach sollte die rechte Gesinnung vor allem ostdeutscher Jugendlicher als ein Produkt aus schlechteren Sozialisationsbedingungen, Arbeits-, Orientierungs- und Perspektivlosigkeit sowie Frustration verstanden werden. Das Credo der akzeptierenden Jugendarbeit lautete deshalb: «Nicht an den Problemen anknüpfen, welche die jungen Menschen schaffen, sondern an denen, die sie haben.»[88] Die Sozialarbeiter*innen sollten zwar die Personen, nicht aber ihre Einstellung akzeptieren. Durch eine enge Beziehungsarbeit zwischen Streetworker*innen und rechten Jugendlichen sollte sich, so das Konzept, bei Letzteren eine Veränderung in den Gesinnungs- und Verhaltensmustern einstellen und sich rechtsextreme Gewalttaten reduzieren.[89] Konkret bedeutete die akzeptierende Jugendarbeit also, dass Neonazis in Jugendclubs weiter toleriert und betreut wurden, solange sie diesen Raum nicht zur Planung von Straftaten nutzten.[90]

Schon bald entstand jedoch Kritik an einer solchen Jugendarbeit, weil diese «aufgrund ihrer Täterfixierung und ihrer Konzentration auf die Beziehungsebene leicht Gefahr [laufe], mit dem prekären Selbstwertgefühl von (potenziellen) Gewalttätern auch deren politische Überzeugungen zu stabilisieren», so der Politikwissenschaftler und Armutsforscher Christoph Butterwegge.[91] Tatsächlich konnte sich die rechtsextreme Szene durch die Protektion dieses Konzeptes einige Freiräume verschaffen und ihre Aktivitäten und Strukturen sogar ausweiten, indem sie sich zum Beispiel ideologisch schulte oder Kampfsportarten trainierte. Aus diesen Gründen wurde die akzeptierende Jugendarbeit von ihren Kritiker*innen oftmals als ‹Glatzenpflege auf Staatskosten› bezeichnet. In den späten 1990er Jahre fand die kontroverse Pädagogisierung rechtsextremer Jugendlicher schließlich ein Ende und Nachfolgeprojekte fokussierten sich insbesondere auf die Prävention von Rechtextremismus, Demokratiebildung und die Stärkung der Zivilgesellschaft.

Bundesweite antifaschistische Vernetzungsversuche (*AA/BO, B. A. T.*)

Der rasante Anstieg rechtsradikaler Gewalttaten zu Beginn der 1990er Jahre erforderte antifaschistische Reaktionen und Gegenwehr. Zwar kam es zwischen 1992 und 1995 zum Verbot von elf rechtsradikalen Gruppierungen und Organisationen wie zum Beispiel der ‹Deutschen Alternative› (DA), der ‹Nationalistischen Front› (NF) und der ‹Freiheitlichen Arbeiterpartei Deutschlands› (FAP), jedoch vertrauten autonome Antifa-Gruppen weiterhin nicht auf ausschließlich staatliche Initiativen zur Bekämpfung von Rassismus und Rechtsextremismus.[92] Vor allem die am 25. Juli 1992 in Wuppertal entstandene ‹Antifaschistische Aktion/Bundesweite Organisation› (AA/BO) stellte die treibende Kraft zur nationalen Koordination und Vernetzung der einzelnen autonomen Antifa-Gruppen dar. Sie vertrat das Konzept des ‹revolutionären Antifaschismus›, wonach das Engagement gegen Rassismus und Rechtsextremismus untrennbar mit der Perspektive auf die Gesamtgesellschaft verbunden sein sollte. Besondere Beitrittskriterien formulierte die AA/BO nicht, allerdings erklärte sie zu ihrer inhaltlichen Ausrichtung:

> «Praktischer Ansatzpunkt ist der Antifaschismus. Der Kampf gegen Faschismus ist auch ein Kampf gegen die gesellschaftlichen Bedingungen, aus denen heraus die Bereitschaft der Menschen resultiert, faschistische/chauvinistische Denkmuster anzunehmen (Konkurrenzmechanismen, patriarchale Sozialisation, Vereinzelung). Der Kampf zielt auf die Entwicklung einer Gegenperspektive zum kapitalistischen System.»[93]

Besonderer Schwerpunkt der AA/BO war es, strömungsübergreifend alle antifaschistischen «Kräfte zu sammeln und damit einen Gegenpol zur Zersplitterung innerhalb der Linken zu setzten».[94] Statt lose Kontakte und ausschließlich anlassbezogene Aktionen strebte das Bündnis kontinuierliche Diskussionen über linke Perspektiven, feste Gruppenstrukturen und verbindliche Treffen an, um rassistischen und rechtsextremen Bewegungen breit und offensiv entgegenzutreten. Konkret erklärte die AA/BO dazu: «[Wir wollen] in die gesellschaftliche Entwicklung eingreifen, statt sie nur in folgenlosen Debatten zu kritisieren. Nur gemeinsam sind wir dafür stark genug. Deswegen suchen wir nicht als erstes nach Unterschieden und Abgrenzungsmöglichkeiten, sondern nach Gemeinsamkeiten an den Fragen, die für das gemeinsame Handeln entscheidend sind».[95] Entscheidungen versuchte das Bündnis auf Bundestreffen zu fällen, auf denen die Delegierten – im Stile eines rätedemokratischen Systems – nur die Positionen ihrer eigenen autonomen Antifa-

Gruppe überlieferten, aber nicht selbständig Politik machen konnten.[96]

Zu Beginn war die AA/BO ein Zusammenschluss aus zwölf autonomen Antifa-Gruppen, darunter die ‹Autonome Antifa [M]› aus Göttingen, die ‹Antifa Bonn-Rhein-Sieg›, die spätere ‹Antifaschistische Aktion Berlin› (AAB) sowie weitere Gruppen aus NRW, Bayern und Thüringen. In seinem Jahresbericht von 1995 sprach der Verfassungsschutz bereits von 17 Gruppen aus 13 Städten beziehungsweise Regionen.[97] Bald schon entstanden allerdings erste interne Konflikte, etwa wie Beschlüsse umzusetzen seien, über das Verhältnis zur Geschichte des Kommunismus oder über autoritäre und bürokratische Strukturen des Bündnisses. Ferner hatten vor allem ostdeutsche Antifa-Gruppen Probleme mit dem Auftreten der AA/BO: Schließlich hatte die Bevölkerung in der DDR gerade erst durch eine friedliche Revolution ein diktatorisches Regime zum Einsturz gebracht, das sich unter anderem durch strikte Gliederungen, Hierarchien und Strukturen, durch antikapitalistische und antiimperialistische Parolen sowie durch rote Fahnen kennzeichnete.[98] Zudem formierte sich Kritik an dem Narrativ des ‹entwicklungsbedürftigen Ossis›, das sich nicht nur in der bundesdeutschen Öffentlichkeit, sondern auch innerhalb der antifaschistischen Szene verbreitete, die in diesem Sinne meinte, einen antifaschistischen ‹Aufbau Ost› leisten zu müssen.[99]

Bereits ein Jahr nach der Gründung der ‹Antifaschistische Aktion/Bundesweite Organisation› formierte sich daher ein alternatives Projekt: Das ‹Bundesweite Antifa Treffen› (BAT) verstand sich als lose strukturiertes und offenes Forum für autonome Antifa-Gruppen, das in erster Linie Recherche- und Koordinationsarbeit für bevorstehende antifaschistische Aktionen leistete. Durch den inklusiveren Ansatz beteiligten sich zeitweise bis zu 50 Gruppen an den ‹Bundesweiten Antifa Treffen›, darunter ebenfalls einige ostdeutsche Antifa-Gruppen, die aus lokalen direkten Konfrontationen mit Rechtsextremist*innen entstanden waren. Da das BAT im Gegensatz zur AA/BO die Etablierung einer öffentlichkeitswirksamen linksradikalen Politik nicht so stark forcierte, entfaltete es dementsprechend auch weniger öffentliche Wirkung.[100] Rückblickend betrachtet prägten beide bundesweite Koordinations- und Vernetzungsversuche durch ihre aufsehenerregenden Aktionen, Kampagnen und Plakate bis heute den ‹Stil› antifaschistischer Aktionen.[101] Durch die zunehmende Spaltung der linksradikalen Bewegung in ‹Antideutsche› und ‹Antiimperialist*innen› bezüglich ihrer Positionierung zum Nahostkonflikt lösten sich nach der Jahrtausendwende aber sowohl die ‹Antifaschistische Aktion/Bundesweite Organisation› als auch das ‹Bundesweite Antifa Treffen› auf.

Neue antifaschistische Subgruppen (Antifaşist Gençlik, Fantifa-Gruppen, Edelweißpiraten)

Die Koordinations- und Vernetzungsbestrebungen waren nicht die einzigen sichtbaren Veränderungen innerhalb der Antifa-Bewegung in den 1990er Jahren: Spätestens nach den Pogromen und dem rasanten Anstieg rechter Gewalt zu Beginn dieser Dekade entwickelte sich Antifaschismus zu einem breiteren Gesellschaftsthema in der Bundesrepublik. Sowohl der Staat als auch die bürgerliche Zivilgesellschaft reagierten mit etlichen antifaschistischen Initiativen wie zum Beispiel Geschichtswerkstätten, Fußball-Fanprojekten und Recherchegruppen. Historisch betrachtet lässt sich dabei feststellen, dass diese Entwicklung auch der Vorarbeit autonomer Antifa-Gruppen zu verdanken ist, weil sich diese bereits seit Ende der 1970er Jahre neonazistischen Umtrieben ebenso wie öffentlichen Kundgebungen von NS-Vereinigungen entgegenstellten. In diesem Sinne kommt der autonomen Antifa-Bewegung durchaus eine Vorreiterrolle für die später einsetzenden staatlichen und bürgerlich-zivilgesellschaftlichen Initiativen gegen Rassismus und Rechtsextremismus zu.

Antifaşist Gençlik Noch bevor Neofaschismus als strukturelles Gesellschaftsproblem deutlicher erkannt wurde, war es in der linksradikalen Szene bereits zu einer Ausweitung und Diversifizierung von autonomen Antifa-Gruppen gekommen. Ende der 1980er beziehungsweise zu Beginn der 1990er Jahre entstanden neue Zusammenschlüsse, für die autonomer Antifaschismus eine Schnittstelle zu anderen Gesellschaftsthemen wie zum Beispiel Integrationspolitik, Feminismus und Jugendengagement darstellte. So hatten etwa bereits im Jahr 1989 im Berliner Stadtteil Kreuzberg einige Jugendliche, deren Familien vor allem aus der Türkei und aus Kurdistan emigriert waren, die Antifa Gençlik (kurz für Antifaşist Gençlik, zu Deutsch ‹Antifaschistische Jugend›) gegründet. Dies war eine selbstorganisierte und praxisorientierte Antifa-Gruppe, die aus migrantischer Perspektive gegen Rassismus, Rechtsextremismus und Kapitalismus agierte. Die Familien dieser Aktivist*innen litten vor allem unter schlechten Arbeitsverhältnissen, gesellschaftlicher Ausgrenzung und rassistischer Diskriminierung, weshalb die Antifa Gençlik diese soziale Ausgangslage zur Mobilisierung von Jugendlichen nutzte. Insofern bildetet dieser Zusammenschluss nicht nur einen Konnex zwischen autonomer Antifa- und Integrationspolitik samt sämtlicher sozialer Widersprüche des Systems, sondern er war ebenso der Versuch eines Brückenschlags zu einigen der vielen Straßengangs Berlins, die als ‹Produkt der Exklusionsmechanismen der Gesellschaft› verstanden wurden. Für die Antifa Gençlik war es ein wichtiger Bestandteil ihres Selbstverständnisses, diese Jugendbanden in eine politische Struktur zu integrieren.

Ein Diskussionspapier aus dem Jahr 1988 legt dar, in welcher soziopolitischen Lage sich die damals gerade in der Entstehung befindliche Antifa Gençlik selbst lokalisierte:

> «Die Faschisten haben es sich zum Grundstein ihrer Propaganda gemacht, dass die Ursache der Arbeitslosigkeit die ausländischen Arbeiter sind und dass mit dem Abhauen der Ausländer aus diesem Land die Arbeitslosigkeit gelöst würde. Zweifellos ist diese Politik darauf aus, die einheimischen und ausländischen Arbeiter gegeneinander anzufeinden, in feindliche Camps einzuteilen und die Einheit des gewerkschaftlichen Kampfes der Arbeiter auseinanderzureißen.»[102]

Vor diesem Hintergrund lässt sich der starke militante Charakter und die daraus resultierende Kultivierung einer Ästhetik der Gewalt innerhalb der Antifa Gençlik erklären: Insbesondere im Zuge der zunehmenden rassistischen und rechtsextremen Exzesse zu Beginn der 1990er Jahre wuchs das Bedürfnis nach Selbstschutz, weshalb sich bestimmte Kräfte dieser Antifa-Gruppe sehr entschieden für die Gründung von Kampfverbänden aussprachen. Interessanterweise offenbarte insbesondere diese Gegebenheit paternalistische und rassistische Tendenzen innerhalb der linksradikalen Szene: Aufgrund der tendenziellen Kampfsportaffinität der Antifa Gençlik kolportierte ein deutscher Antifaschist auf einem Antifa-Koordinationstreffen in den frühen 1990er Jahren die Losung «unser Intellekt, eure Muskeln», was die Nicht-Anerkennung der Gruppe als ebenbürtigern Partner im antifaschistischen Engagement ziemlich deutlich auf den Punkt brachte.[103]

Nichtsdestotrotz stellte die Antifa Gençlik in Berlin sowie in einigen weiteren deutschen Großstädten, in denen sich ebenfalls immigrantische Gruppen bildeten, einen sichtbaren soziopolitischen Faktor dar, der sich neben resolutem Antifaschismus für die Neutralisierung nationalistischer Tendenzen, für das Recht auf die deutsche Staatsbürgerschaft für Zuwanderer*innen und gegen sämtliche rassistisch-diskriminierende Gesetze einsetzte. Im Grunde waren diese Antifa-Gruppen somit eine subversive Politkraft, die das etablierte Geschichtsbild der Bundesrepublik vom Nichteinwanderungsland und der Einheit von Kultur, Nation und Territorium infrage stellte und auf die ethnokulturelle Pluralität der Wirklichkeit verwies.[104] In einem Schreiben aus dem Jahr 1990 erklärte die Antifa Gençlik dazu: «Es muss begriffen werden, dass wir als Menschen, die seit über 30 Jahren hier leben, arbeiten, lernen, studieren, produzieren, konsumieren, sich an jeglicher gesellschaftlicher Verantwortung beteiligen und Steuern zahlen, keine Arbeitskräfte, sondern Menschen sind, keine ‹Gäste› oder ‹Ausländer›, sondern Angehörige dieser Gesellschaft sind.»[105]

Durch solche Erklärungen lieferte die Antifa Gençlik frühzeitig Impulse für den sich erst einige Jahre später entfaltenden Diskurs über die Frage, ob Deutschland ein Einwanderungsland sei oder nicht. Jedoch büßte diese Antifa-Gruppe noch inmitten der Flut an rassistischen und rechtsextremistischen Gewaltexzessen substanziell an Integrität ein: Am 4. April 1992 attackierten einige Aktivist*innen der Antifa Gençlik ein Neonazi-Treffen in einem China-Restaurant im Berliner Stadtteil Neukölln. Dabei kam der ‹Landesschriftführer der Deutschen Liga für Volk und Heimat› (DLVH), Gerhard Kaindl, durch einige Messerstiche ums Leben; der stellvertretende Chefredakteur der rechtskonservativen Wochenzeitung *Junge Freiheit*, Thorsten Thaler, wurde schwer verletzt. Es folgte eine starke Repressionswelle durch eine polizeiliche Sonderkommission, welche die linksradikale Szene in Berlin spürbar schwächte und die Antifa Gençlik letzten Endes in die Selbstauflösung trieb.

Im Jahr 1994 standen schließlich insgesamt sieben türkisch- und kurdischstämmige Personen vor Gericht, von denen drei wegen Körperverletzung mit Todesfolge zu jeweils drei Jahren verurteilt wurden und zwei jüngere Angeklagte Bewährungsstrafen erhielten; ein weiterer Täter tauchte unter, schloss sich der PKK in Kurdistan an und starb 1996 in einem Gefecht mit der türkischen Armee. Der ‹Fall Kaindl› führte in der linksradikalen Szene zu intensiven Kontroversen über die Legitimität von Gewalt: Der Tenor in diesem Disput lautete, dass der Tod eines Menschen «nie ein angestrebtes oder auch nur ein gebilligtes Resultat von antifaschistischen Aktionen» sein könne; es gab aber ebenso Verweise darauf, dass das Geschehene bei der Eskalation der Gewalt von rechts nicht verwunderlich sei.[106] Die Vorsitzende Richterin des Strafprozesses riet den antifaschistischen Aktivisten jedenfalls, sich von der Tat zu distanzieren, weil sie sonst in der Bevölkerung viel Sympathie verlieren dürften.[107] Letztendlich war die Ermordung Gerhard Kaindls sowie der anschließende Strafprozess ein Sargnagel für die Antifaşist Gençlik, die sich daraufhin auflöste. In der Geschichte der antifaschistischen Bewegung hatte die Gruppe durch ihr striktes Postulat für den Selbstschutz der Immigrant*innen einen starken und nachhaltigen Einfluss für die allgemeine Antifa-Kultur.

Der ‹Fall Kaindl› stellte einen Tiefpunkt für die antifaschistische Bewegung dar: Im *Antifaschistischen Infoblatt* (AIB) erschien eine Stellungnahme, in der die Autor*innen erklärten, dass diese Ermordung unter politischen und rationalen Gesichtspunkten nichts bewirkt habe und eine weitere Eskalation des Konfliktes nicht angebracht sei. Im Wortlaut hieß es darin: «Wir halten Hass für einen schlechten politischen Ratgeber [...]. Auch wir sind Menschen mit Gefühlen und denken oft an Rache. Aber politisch betrachtet lehnen wir diese irrationale Kategorie ab. Rache hat in unserer Gesellschaft keine Funktion.»[108]

Der Beitrag endete allerdings mit der Aufforderung, den antifaschistischen Kampf weiterhin nach «Erwägungen der Zweckmäßigkeit zu führen, zu verstärken und voranzutreiben». Insofern folgten schier endlose Debatten über das strukturelle Gewaltproblem ebenso wie über das «Defizit an Empathie und Sensibilität für ‹leise Töne›» innerhalb der Antifa-Bewegung.[109]

Fantifa-Gruppen Mit der Gewaltfrage setzte sich seit Ende der 1980er Jahre insbesondere eine Strömung auseinander, die seit ihrer Genese stets an zwei Fronten kämpfte: Die feministischen Antifa-Gruppen (‹Fantifas›). Sie schrieben sich den Antifaschismus ebenso wie den Feminismus auf die Fahnen und machten konsequent auf die Dominanz der Männer in der Szene aufmerksam. Im Wesentlichen kritisierten die Fantifas, dass sich sämtliche antifaschistische Gruppen eben nicht im luftleeren Raum befänden oder außerhalb der Gesellschaft schwebten, sondern dass sich in der Geschichte der autonomen Antifa-Bewegung chauvinistische, patriarchalische und sexistische Strukturen entwickelt hätten.[110] Die Fantifa stellte dabei nicht die «Geburtsstunde für den Konnex zwischen Antifaschismus und Feminismus» dar, sondern es existierten bereits einige historische internationale Vorbilder: Im Spanischen Bürger*innenkrieg konnten die anarchafeministischen ‹Mujeres Libres› über 20 000 Frauen im Kampf gegen die rechtsnationalistischen Putschist*innen unter General Francisco Franco mobilisieren; im Jahr 1934 veranstalteten französische Widerstandskämpferinnen in Paris einen Internationalen Frauenkongress gegen Faschismus und Krieg, auf dem ein antifaschistisches Frauenkomitee gegründet wurde; in Jugoslawien riefen Partisaninnen Ende 1942 die AFŽ (Antifašisticka fronta Žena – Antifaschistische Frauenfront) ins Leben, die als aktiver kommunistischer Frauenverband Widerstand gegen die Besetzung ihres Landes durch die deutsche Wehrmacht leistete; selbst in Deutschland gründete sich um das Jahr 1930 der ‹Rote Frauen- und Mädelbund› aus dem bis dato rein aus Männern bestehenden ‹Roten Frontkämpferbund› (RFB).[111]

Die ersten Gründungsversuche autonomer feministischer Antifa-Gruppen fanden in den 1980er Jahren statt, als im Zuge der sich radikalisierenden Frauenbewegung linksextremistische und radikal-feministische Terrorbanden wie zum Beispiel die ‹Rote Zora› oder die ‹Frauen der Revolutionären Zellen› zahlreiche Anschläge verübten: So explodierte im März 1975 eine Sprengladung vor dem Bundesverfassungsgericht, weil Aktivistinnen die Abschaffung des § 218 (Abtreibungsverbot) bewirken wollten; in den Folgejahren ereigneten sich vor allem in Köln einige Bombenanschläge auf Sexshops, weil diese das zentrale Symbol für alltägliche sexistische Erniedrigung seien; im Jahr 1982 attackierte die ‹Rote Zora› die philippinische Botschaft in Bonn, um dadurch den Fokus auf «die in jedem Sinne grenzenlose sexistische Gesellschaft, die hinter dem Frauenhandel steckt, ans Licht der Öffentlichkeit [zu] zerren».[112] Nicht die Gewaltbereitschaft, aber doch die zentrale Losung der ‹Roten Zora›, wonach der Frauenkampf umfassend sei und «den Kampf gegen jede Form von Unterdrückung, Ausbeutung, Zerstörung und Menschenverachtung» beinhalte,[113] hatte Vorbildcharakter für feministische Antifa-Gruppen. 1985 gab es erste Bestrebungen für ein eigenes Frauen-Antifa-Treffen und in den Folgejahren fanden des Öfteren antifaschistische Frauendemos und -kongresse statt. Auch traten immer häufiger Frauenblöcke auf Kundgebungen in Erscheinung, bevor im Januar 1990 die erste bundesweite Fantifa-Konferenz stattfand.

Die Fantifa-Gruppen kritisierten, dass die autonome Antifa-Bewegung vor allem eine ‹Spielwiese der Männer› sei, auf der sich oftmals die Geschlechterklischees der ansonsten so erbittert kritisierten kapitalistischen Gesellschaft par excellence reproduzierten: Beim Gestalten von Plakaten und Transparenten entwarfen in der Regel Männer das Layout, während Frauen lediglich das Motiv aufmalen durften; bei Konzerten sorgten Männer für den Schutz des Veranstaltungsortes, während Frauen an der Kasse oder hinter der Bar standen; bei Kundgebungen liefen Männer in den ersten Reihen des ‹Schwarzen Blocks›, während Frauen für Sanitäts- oder Telefondienste beauftragt wurden.[114] Insbesondere die demonstrative Zurschaustellung von Gewaltbereitschaft und Stärke waren zentrale Kritikpunkte der Fantifa-Gruppen, die sich in einem Kommentar in der Alternativzeitschrift *radikal* folgendermaßen artikulierten:

> «In 'zig Medien (in unseren eigenen wie in den bürgerlichen) werden die Bilder des einzelnen, maskiert im Tränengasnebel heroisch kämpfenden ‹Streetfighters› reproduziert und schaffen in vielen Köpfen die Vor-Bilder, an denen du dich abarbeitest und die du doch nie erreichst. Immer wieder zuviel Angst, zuviel Zweifel, zuviel Unsicherheit, und kein Platz und Ort in der Bewegung, an dem du über dies reden und dich austauschen kannst. Wer nicht mithalten kann, verschwindet klammheimlich – als individuelles Nicht-mehr-Können oder gar Versagen verarbeitet – aus der Bewegung. Daran, dass die Werte ‹männlich› sind, ändert auch nichts, dass es nicht nur die Jungs sind, die selbst bei 30 Grad im Schatten nur ungern ihre Lederjacken ausziehen.»[115]

Ferner störten sich die Fantifa-Gruppen daran, dass in der theoretischen Antifa-Arbeit keine Diskussionen und Reflexionen über Themen wie Dominanzkultur, Emanzipation, Feminismus, Patriarchat, Sexismus etc. stattfanden. Aus diesem Grund versuchten sie diese inhaltliche Leerstelle durch Selbstermächtigung und -initiative zu füllen. Zentraler theoretischer Referenzpunkt der Fantifa-Gruppen war dabei die sogenannte ‹Triple-Oppression-Theorie›, wonach Rassismus, Kapitalismus und Sexismus drei ebenbürtige und interdependente Diskriminierungskategorien und insofern Unterdrückungsmechanismen darstellen. Das Credo der Fantifa-Gruppen lautete deshalb, dass es keine wirkliche Befreiung auch von nur einem der drei Ausbeutungs- und Unterdrückungsverhältnissen geben könne ohne die Zerstörung aller drei.[116]

Im Zuge der Koordinations- und Vernetzungsbestrebungen der AA/BO kam es in den 1990er Jahren zu über ein Dutzend bundesweiter Treffen, an denen sich zeitweise über 25 Gruppen beteiligten. In der Gesamtheit blieb die autonome Antifa-Bewegung jedoch von jugendlichen, weißen und heterosexuellen Männern dominiert und das daraus resultierende raue Klima schreckte sicherlich viele Frauen sowie (andere) ins Abseits der Gesellschaft gedrängte Gruppen und Individuen ab. Zwar positionierte sich der Großteil der Fantifa-Gruppen gegen den Standpunkt, dass Frauen von Natur aus friedfertiger seien, aber ebenso stark kritisierten sie die Glorifizierung und Heroisierung von Gewaltverhalten und einer ‹Streetfighting-Mentalität›. Teilweise stieß ihre Kritik durchaus auf Resonanz und führte zu Reflexionen in den autonomen Antifa-Gruppen, wie dies beispielsweise in Kassel der Fall war, wo eine Gruppe ‹Autonomer Männer› in einem selbstkritischen Rundbrief schrieb:

> «Es ist unumgänglich ständig zu reflektieren, warum, wann und gegen wen Gewalt angewendet wird, um so zu verhindern, dass Gewalt sich verselbständigt, zum Selbstzweck wird, zur Kompensation eigener Unzulänglichkeiten dient oder Ausdruck männlichen Macker- und Gewaltverhaltens ist. Letzteres ist auf vielen Antifademos ‹eindrucksvoll› zu bewun-

dern. Schwarzgekleidete sich als autonome Antifas bezeichnende Macker tragen ihre Revierkämpfe mit meist männlichen Faschos aus und/oder pöbeln Frauen an. Antifa ist ‹in› und das scheint auch zu heißen, dass viele Männer ihr Mackerverhalten unter dem Deckmantel Antifa ausleben können.»[117]

Insofern konnten die Fantifa-Gruppen ihre feministischen Diskurse durchaus in die autonome Antifa-Bewegung integrieren und sich durch ihr politisches Selbstbewusstsein in der Szene behaupten. Jedoch kostete dieser Prozess enorme Kräfte, sodass sich im Laufe der 1990er Jahre viele Gruppen infolge aufgebrauchter Reserven und zu hoher moralischer Erwartungen auflösten. Nichtsdestotrotz existieren bis heute noch in einigen Großstädten explizit feministische Antifa-Gruppen.

Die Edelweißpiraten Neben der Antifaşist Gençlik und der Fantifa engagierten sich zu Beginn der 1990er Jahre auch zunehmend Jugendliche im Alter von 12 bis 15 Jahren unter der Bezeichnung ‹Edelweißpiraten› gegen die sich häufenden rassistischen Gewaltexzesse. Vorbild für diese Strömung waren die gleichnamigen Jugendgruppen, die Ende der 1930er Jahre vor allem im Ruhrgebiet entstanden, sich durch demonstrativen Nonkonformismus zur NS-Diktatur charakterisierten und sich teilweise auch durch Sabotageaktionen und Anschläge auf Repräsentant*innen des Regimes aktiv am Widerstand beteiligten. Vor allem die Tatsache, dass es für die Edelweißpiraten damals von zentraler Bedeutung war, über die Bekämpfung des Nationalsozialismus hinaus zusammenzuhalten, entsprach den Vorstellungen dieser sich neuformierenden subkulturellen Jugendgruppen und war demnach entscheidend für die Selbstbezeichnung.

Obwohl sich die jugendlichen Edelweißpiraten in erster Linie durch ihr antifaschistisches Engagement definierten, distanzierten sie sich teilweise doch in erstaunlicher Deutlichkeit und Reflektiertheit von den autonomen Antifa-Gruppen in ihrem Umfeld: So erklärte etwa eine Clique Berliner Edelweißpiraten in einem Interview mit der Hamburger Szenezeitschrift *nadir*, dass die klassischen Antifa-Gruppen oftmals emotionale Revolutionsreden schwingen, aber sich doch stark von Diskursen in der Zivilgesellschaft abschotten und letztendlich kaum antifaschistische und antirassistische Inhalte in die Bevölkerung einfließen lassen würden.[118] Sie kritisierten die autonome Antifa-Szene deshalb für ihren Narzissmus und dass sie sich durch stumpfe Parolen wie «Deutschland, verrecke!» vom Rest der Bevölkerung abnabeln würde. Gegen diese exklusive Einstellung bezogen die Edelweißpiraten Position, weil sie auf die Verbesserung der Gesellschaft abzielten.

In diesem Sinne erklärten die Edelweißpiraten folgende Aktivitäten zu ihren Schwerpunkten: Erstens leisteten sie durch die Verbreitung von Flugblättern, Plakaten und Zeitungen sowie das Sprayen von Graffiti viel Öffentlichkeitsarbeit; zweitens suchten sie Gespräche mit rechtsorientierten Jugendlichen, die allerdings noch nicht in der Neonazi-Szene vernetzt und von rechtem Gedankengut irreversibel indoktriniert waren; drittens führten die Edelweißpiraten selbst konstant Gruppendiskussionen über ihre Gesprächserfahrungen mit rechten Jugendlichen, sodass sie sich dadurch selbst neu orientierten und weiterbildeten; viertens beteiligten sie sich wie die autonomen Antifa-Gruppen an antifaschistischen Aktionen wie Demonstrationen, Kundgebungen, Platzbesetzungen etc.[119]

Besondere Öffentlichkeitswirksamkeit erzielten die Edelweißpiraten vor allem durch die Kampagne «Stoppt Nazizeitungen» im Jahr 1992, die den Verkauf und die Verbreitung von rechten Postillen einschränken sollte. Entweder diskutierten die Gruppen friedlich mit Ladenbetreiber*innen oder forderten diese schriftlich dazu auf, die rechten Zeitungen aus dem Sortiment zu entfernen. Dort wo der Erfolg ausblieb, kam es anschließend nicht selten zu Attacken, Sabotageaktionen und Brandanschlägen auf die entsprechenden Zeitungsläden. Vor allem in Berlin hatte diese ‹Kampagne› zur Folge, dass Nazizeitungen in weiten Teilen der Stadt tatsächlich aus den Regalen verschwanden.[120] Infolge dieser Wirkung schlossen sich deshalb weitere antifaschistische Gruppen dieser Aktion an. Etliche Kioskbesitzer*innen fühlten sich durch diese ‹Kampagne› allerdings ernsthaft von den Edelweißpiraten bedroht, weshalb die Staatsanwaltschaft Ermittlungen einleitete, die jedoch ergebnislos blieben.

Insgesamt existierten in den frühen 1990er Jahren bundesweit ca. 30 bis 40 Edelweißpiraten-Gruppen sowie über einhundert Einzelaktivist*innen, sodass die jugendliche Bewegung zeitweise in rund 150 deutschen Städten präsent war. Sie tauschten sich auch auf internationaler Ebene mit antifaschistischen Jugendgruppen aus. Die Edelweißpiraten agierten autonom, aber waren dennoch in ein bundesweites Netzwerk eingebunden, dessen gemeinsamer Nenner der Antifaschismus war.[121] Bei den klassischen autonomen Antifa-Gruppen fand diese subkulturelle Jugendbewegung nie so recht Anerkennung, was unter anderem daran lag, dass die Edelweißpiraten sich nicht nur auf Politik, sondern ebenso auf Kultur und alternative Lebensweisen konzentrierten: «Jugendliche haben ja noch mehr im Kopf als nur Antifaschismus»,[122] erklärte dazu ein Edelweißpirat im *nadir*-Interview und identifizierte damit ein zentrales Problem der linksradikalen Szene zur damaligen Zeit: Seit ihrer Entstehung war die autonome Antifa-Bewegung vollkommen auf die politische Veränderbarkeit der Gesellschaft fixiert und ließ die Kulturarbeit dabei sprichwörtlich links liegen.

Der ‹Cultural Turn› der autonomen Antifa

Lange Zeit stand die autonome Antifa-Bewegung in der Öffentlichkeit vor allem für blinden Aktionismus eines entindividualisierten ‹Schwarzen Blocks› sowie für konstante Gewalt- und Kampfbereitschaft. Den autonomen Antifas wurde oftmals verbissene Humorlosigkeit, ein besonders strikter Moralkodex und ein starkes Überlegenheitsgefühl zugeschrieben. Zudem hatte in der weiß-männlich-heterosexuell dominierten Szene der stereotype Antifaschist eine draufgängerische Irokesen-Frisur, trug eine Button- und Spitznieten-dekorierte Lederjacke und fiel nicht selten durch martialische Gebärden auf. Einen inklusiven Charakter hatte dieses Erscheinungsbild nicht und konnte das breite Spektrum der Gesellschaft nicht ansprechen. Im Laufe der 1990er Jahre realisierte die autonome Antifa-Bewegung zunehmend die Fatalität dieser Entwicklung und sprach sich deshalb für die Stärkung der eigenen Kulturpolitik aus.

Ideologischer Bezugspunkt für diesen ‹Cultural Turn› war der neomarxistische Denker Antonio Gramsci (1891–1937) und sein Konzept der ‹kulturellen Hegemonie› aus der ersten Hälfte des 20. Jahrhunderts: Dieses besagt, dass der Staat (= ‹politische Gesellschaft›) seine Macht nicht ausschließlich durch die drei Gewalten Exekutive, Legislative und Judikative konsolidieren könne, sondern dass es dazu ebenso einen freiwilligen Konsens in der Zivilgesellschaft (= ‹bürgerliche Gesellschaft›) bedürfe, zu der insbesondere Gewerkschaften, Kirchen, Schulen, Universitäten und sämtliche kulturellen Einrichtungen zählten. Durch die ständigen Wechselwirkungen zwischen der ‹politischen› und der ‹bürgerlichen Gesellschaft› könne demnach letztere durch einen Wandel im sozialen Zusammenleben der Menschen letztendlich auch das Gemeinwohl verbessern. Laut Gramsci käme es für die Linke insbesondere darauf an, Veränderungen im Bereich von Bildung und Wissenschaft, Kunst und Kultur sowie in den Massenmedien zu erwirken. Der italienische Kommunist nannte dieses Konzept ‹Kulturkampf›, wobei er ‹Kultur› als eine Orientierungskategorie verstand, welche die Gesellschaft nachhaltig beeinflusse.[123]

In diesem Sinne setzten sich autonome Antifa-Gruppen zunehmend dafür ein, die Denkweise der linksradikalen Szene auf den (Sub-)Kulturbereich zu übertragen: Statt die Existenz scheinbar ‹natürlicher› Grundorientierungen zu akzeptieren, sollten Antifaschist*innen auf die Veränderbarkeit der Verhältnisse bestehen; statt auf den «Klebstoff der nationalen Kultur» sollten sie auf die Widersprüche der Gesellschaft verweisen; statt alles in scheinbaren Genuss zu verwandeln, sollten sie dafür sorgen, dass sich «mit Genuss Politik machen lässt.»[124] Im Zuge dieser theoretischen Auseinandersetzung begriff die linksradikale Szene zunehmend, dass in der Geschichte der Bundesrepublik wahrscheinlich bedeutend mehr Personen etwa durch linke Schriftsteller*innen, Punkbands und Kulturkneipen ihr Interesse an Politik entdeckt haben als durch alle kommunistischen Parteien zusammen, dass Kultur ebenso Teil der Lösung wie Teil des Problems in einer Gesellschaft sein könne, und es entwickelte sich im Laufe der 1990er Jahre das Phänomen ‹Pop-Antifa›.[125]

Die antifaschistische Bewegung intensivierte in der Folgezeit ihre Kulturarbeit erkennbar, indem sie etwa identitätsstiftende Codes, Slogans und Symbole (z. B. «Gegen Nazis», «Good Night White Pride») kultivierte, zahlreiche Aktionen und Kampagnen (z. B. ‹nonpd – NPD-Verbot jetzt!›, ‹Kein Bock auf Nazis›, ‹Schöner Leben ohne Naziläden›) ins Leben rief, das traditionelle Antifa-Logo in vielen verschiedenen Versionen zu einem beliebten Motiv (für Buttons, Patches und T-Shirts) stilisierte und regelmäßig Eventpolitik (Ausstellungen, Konzerte, Partys und weitere Veranstaltungen) betrieb. Elemente aus der aktuellen Jugend- und Popkultur wie zum Beispiel ‹Die Simpsons›, ‹South Park› oder ‹Fight Club› fanden Einzug in das antifaschistische Symbolsystem und wurden mit Stilmitteln der Postmoderne wie Ironie, Intertextualität und Stilpluralismus so bearbeitet, dass sie potenziell ein eigenständiges Kulturobjekt mit Identifikations- und Orientierungscharakter für die Szene bildeten. Eine engagierte Öffentlichkeitsarbeit am Puls der Zeit war für die antifaschistische Bewegung fortan von essentieller Bedeutung: «[W]ichtig ist, Staub aufzuwirbeln, symbolische Kämpfe zu führen, Meinungsführer und Symbolfiguren mit einzubeziehen und die Faszination aufzugreifen, die verbunden ist mit kulturellen Anliegen»,[126] postulierte etwa eine autonome Antifa-Gruppe aus Marburg.

Ein bekanntes Beispiel für diese Form der Kulturpolitik ist etwa die 2004 in Leipzig entstandene Satireorganisation *Front Deutscher Äpfel* (FDÄ), deren Name eine Anspielung auf den langjährigen rechtsextremen NPD-Politiker Holger Apfel ist. Die Aktivist*innen dieser Initiative treten bei Demonstrationen in der Regel in schwarzen Uniformen, Springerstiefeln sowie mit Nazi-Scheiteln auf und marschieren im Stechschritt. Ihr zentrales Erkennungsmerkmal ist eine Armbinde, auf der in einem weißen Kreis auf rotem Grund anstatt eines Hakenkreuzes jedoch ein Apfel prangt, auf ihren Transparenten stehen Slogans wie «Keine Überfremdung des deutschen Obstbestandes!», «Grenzen dicht für Fremdobst!» oder «Südfrüchte raus!» und sie skandieren Parolen wie: «Was gibt der deutschen Jugend Kraft? Apfelsaft! Apfelsaft!»[127] Ironie, Parodie und Satire sind demnach ihre Instrumente gegen Rechtsextremismus, womit sie auf Demonstrationen meistens für heitere Stimmung sorgen. Gleiches gilt für das von dem Juso-Projekt *Endstation Rechts* initiierte Modelabel *Storch Heinar*, das eine satirische Verballhornung der bei Rechtsextremen beliebten Marke *Thor Steinar* darstellt. Symbolmotiv dieser Kampagne ist ein struppiger Storch, der Scheitelfrisur, Stahlhelm sowie Hitlerbärtchen trägt und sich unter Verweis auf Hitlers Selbstbezeichnung als ‹Gröfaz› (‹Größter Führer aller Zeiten›) selbst den ‹Grömaz› (‹Größter Modedesigner aller Zeiten›) nennt. Er ist ein beliebtes Bildmotiv auf Kapuzenpullovern und T-Shirts und inzwischen hat Storch Heinar sogar einen kongenialen Kumpel an seiner Seite: Benito Storcholini.

Auch Bekleidung und Lifestyle spielten in der Folgezeit eine bedeutendere Rolle, weil sich linkspolitische Radikalität selbstverständlich durch Klamotten und Accessoires in die Außenwelt kommunizieren lässt. Aus diesem Grund entstanden im Laufe der 1990er Jahre zahlreiche Versandläden, die neben Klamotten sämtliche Produkte von ‹A› wie ‹antifaschistische Aufkleber› über ‹S› wie ‹Sturmhauben› bis zu ‹Z› wie ‹Zeitschriften für linksradikale Ideen und Praxen› verkauften. Was die Kleidung betrifft, sprach sich die antifaschistische Bewegung fortan verstärkt für die Gleichwertigkeit aller subkulturellen Stile (Hip-Hop, Hardcore, Punk) aus, sodass auch in diesem Kulturbereich – im Sinne der Postmoderne – die Devise lautete: ‹anything goes›. Paradoxerweise erlangten aber in der ansonsten sich nach außen so strikt antikapitalistisch inszenierenden Antifa-Bewegung seitdem einige vollkommen durchkommerzialisierte (Sport-)Bekleidungsmarken und Produkte wie schwarze Wildleder-Sneaker und Windbreaker-Jacken fast schon Fetischcharakter. In kritischen Teilen der antifaschistischen Bewegung warf diese Entwicklung allerdings die Frage auf, ob kulturelle Formen und politische Inhalte wirklich beliebig kombinierbar sind.[128]

Zur Zeit dieses antifaschistischen ‹cultural turns› etablierte sich in der Szene ebenso eine neue Kommunikations- und Koordinationsform: Bereits 1999 entstand im Zuge der Proteste gegen die WTO-Konferenz in Seattle die Non-Profit-Plattform ‹Indymedia›, die seitdem in erster Linie globalisierungskritischen Bewegungen zum Austausch ihrer Inhalte im Stile des ‹Graswurzel-Prinzips› und für subjektive Berichterstattung dient. Unter der Subdomain ‹de.indymedia.org› existierte ab 2001 auch ein deutschsprachiger Ableger des Portals. Fortan vernetzten sich auf der Plattform linksradikale Gruppen, riefen zu Protestaktionen auf und veröffentlichten dort Bekennerschreiben von Straftaten wie zum Beispiel nach den Brandanschlägen auf Berliner Bahnanlagen im Jahr 2011. Ebenso fanden sich auf der Webseite jedoch laufend strafrechtlich relevante Beiträge, beispielsweise Anleitungen zum Bau von Molotowcocktails und Appelle zu Sabotageaktionen gegen staatliche und private Infrastruktureinrichtungen. Nach den Krawallen beim G20-Gipfel in Hamburg 2017 ließ der damalige Bundesinnenminister Thomas de Maizière (CDU) die seit 2008 existierende Subdomain ‹linksunten.indymedia.org› verbieten und vom Netz nehmen, weil sich das Portal gegen die verfassungsmäßige Ordnung richte. Im Januar 2020 wies das Leipziger Bundesverwaltungsgericht eine Klage gegen das Verbot zurück, worauf fünf mutmaßliche Freiburger Betreiber*innen der Internet-Plattform eine Beschwerde beim Bundesverfassungsgericht einreichten, weil sie ‹linksunten de.indymedia.org› als einen von der Pressefreiheit (Art. 5, Abs. 1 Grundgesetz) geschützten Nachrichten- und Kommunikationskanal bewerten. Eine Entscheidung in diesem Fall steht noch aus.

Rassismus, Rechtsextremismus und die staatlichen Reaktionen

Während die Antifa-Bewegung im Laufe der 1990er Jahre versuchte, stärkeren Einfluss im (Sub-)Kulturbereich zu erreichen, schien sie auf politischer Ebene von einem Klima des Rassismus und Geschichtsrevisionismus überrollt zu werden. Fremdenfeindliche Straftaten und Todesopfer durch rechtsextreme Gewalt gab es seit der Gründung der Bundesrepublik, in den Jahren nach der deutschen Wiedervereinigung erreichten sie allerdings eine neue Dimension. So ereignete sich in der Nacht zum 18. Januar 1996 der schwerste Brandanschlag auf eine Unterkunft für Geflüchtete in Deutschland, als in Lübeck zehn Asylbewerber*innen (drei Erwachsene sowie sieben Jugendliche und Kinder) aus afrikanischen Ländern starben und 38 weitere Menschen verletzt wurden. In den Fokus der Ermittlungen rückte sowohl ein junger Libanese, der jedoch von zwei Gerichten freigesprochen wurde, als auch vier Jugendliche aus der rechten Szene, die in der Nacht neben der Polizei als erste am Tatort waren und frisch versengte Haarspitzen aufwiesen. Obwohl einer von ihnen die Tat zwischenzeitlich sogar gestanden hatte, kam es zu keiner Anklage der vier Rechtsradikalen. Die Ermittlungen stehen bis heute unter starker öffentlicher Kritik; das Verbrechen ist jedoch nach wie vor nicht aufgeklärt.[129]

Neben einer entsetzlich langen Liste fremdenfeindlicher Straftaten und Todesopfern durch rechtsextreme Gewalt, die erst seit Beginn der 1990er Jahren durch einige Initiativen gegen Rechtsextremismus erfasst werden, waren in dieser Dekade zunehmend geschichtsrevisionistische Tendenzen zu erkennen: Am 5. März 1995 startete eine vom Hamburger Institut für Sozialforschung konzipierte Wanderausstellung mit dem Titel «Vernichtungskrieg. Verbrechen der Wehrmacht 1941 bis 1944» in der Hansestadt, die in den Folgejahren über eine Million Menschen in Dutzenden Städten besuchten und die einen Sturm der Empörung auslöste. Die Ausstellung machte in der Geschichtswissenschaft bereits Erforschtes, aber in der Gesellschaft lange Zeit Verdrängtes – die Verbrechen der Wehrmacht in der NS-Zeit, vor allem im Krieg gegen die Sowjetunion – einer breiten Öffentlichkeit bekannt.[130] Im ersten Jahr blieb sie in den Städten Hamburg, Berlin, Potsdam und Stuttgart von fachwissenschaftlichen Diskussionen dominiert, bevor in Erfurt 1996 Neonazis erstmals Exponate beschädigten und bei der Eröffnung in Karlsruhe 1997 Rechtsradikale gegen die «volksverhetzende, antideutsche Schandausstellung» demonstrierten.[131]

Am 1. März 1997 kam es sogar zu einem der größten Naziaufmärsche in der Geschichte der Bundesrepublik, als ca. 5000 Rechtsradikale gegen die ‹Wehrmachtsausstellung› in München auf die Straßen zogen. Vorab hatte der bayerische CSU-Kultusminister Hans Zehetmair empfohlen, die Schau nicht zu besuchen, und in den lokalen Zeitungen erschienen Annoncen gegen das Projekt. Die Polizei verhinderte, dass es an diesem Tag zu Zusammenstößen zwischen den Rechtsradikalen und den rund 10 000 versammelten Gegendemonstrant*innen kam. Als die Wanderausstellung nach einigen Etappen berechtigte Kritik für einige Fehler und Fehldeutungen bei Bildquellen erfuhr, weitete sich der Skandal noch aus. Neofaschist*innen beließen es nicht bei Demonstrationen, sondern verübten im März 1999 in Saarbrücken einen Bombenanschlag auf das Ausstellungsgebäude, das dadurch erheblich beschädigt wurde. Jahre später kam der Verdacht auf, dass der Nationalsozialistische Untergrund (NSU) für das Sprengstoffattentat verantwortlich sein könnte. Stichhaltige Beweise dafür liegen jedoch nicht vor.

Neben der Wehrmachtsausstellung war es ferner die oberfränkische Kleinstadt Wunsiedel, die sich in den 1990er Jahren zu einem Schauplatz für Neonazi-Aktivitäten entwickelte. Seit 1988 lag dort Rudolf Heß, den Adolf Hitler im Jahr 1933 zum ‹Stellvertreter des Führers› in der NSDAP ernannt hatte, im Grab seiner Eltern bestattet. Auch weil rechtsradikale Kreise den Suizid des 93-Jährigen im Spandauer Kriegsverbrechergefängnis anzweifelten und dies Heß' Märtyrer-Status weiter beförderte, entwickelte sich das Provinzstädtchen Wunsiedel schnell zu einem Wallfahrtsort der rechten Szene. Bereits an seinem ersten Todestag am 17. August 1988 versammelten sich dort etwa 120 Alt- und Neonazis zu einem Gedenkmarsch, der in den Folgejahren noch größere Ausmaße annahm und sogar ausländische Rechtsradikale und -extreme anzog. Gegenaktivitäten aus antifaschistischen und bürgerlichen Kreisen bewirkten allerdings, dass es nach 1990 zu einem Demonstrationsverbot der Rechten kam und diese auf andere Städte wie Bayreuth oder Mitte der 1990er Jahre sogar ins Ausland (Dänemark, Luxemburg, Niederlande) auswichen. Egal wo der ‹Rudolf-Heß-Gedenkmarsch› fortan stattfand, das Ereignis hatte sich jedenfalls zu einer festen Demonstrationsveranstaltung in der (inter-)nationalen Nazi-Szene etabliert. Zum 30. Todestag von Hitlers Stellvertreter riefen Rechtsradikale in vielen verschiedenen Sprachen europaweit zu einer Kundgebung in Berlin-Spandau auf, zu der sich schließlich über 1000 Neonazis versammelten. Wunsiedel ist trotz antifaschistischer Gegenwehr bis beute eine beliebte Pilgerstätte für Rechtsradikale, obwohl das Grab von Rudolf Heß bereits im Jahr 2011 aufgelöst wurde.

Trotz solcher Entwicklungen schienen die Gewaltexzesse und Pogrome nach der deutschen Wiedervereinigung Ende der 1990er Jahre für viele bereits Geschichte zu sein. Zivilgesellschaftliche Gruppen und Initiativen hatten damals zum Beispiel in Form von Lichterketten und friedlichen Demonstrationen Betroffenheit in Bezug auf die Ereignisse artikuliert und in der Bevölkerung gab es eine stärkere Sensibilität für das Thema ‹Rechtsradikalismus›. Nachdem in der subkulturellen Antifa-Bewegung bereits 1987 das Berliner *Antifaschistische Infoblatt* und 1989 die hannoversche Zeitschrift *Der Rechte Rand* gegründet wurden und zum Beispiel 1990 die Antifaschistische Informations-, Dokumentations- und Archivstelle München e.V. (a.i.d.a.) sowie 1991 das Antifaschistische Pressearchiv und Bildungszentrum Berlin (*apabiz*) entstanden waren, berichteten ab

Mitte der 1990er Jahre zunehmend auch Mainstreammedien über die rechtsradikalen und -extremen Aktivitäten und Strukturen. Außerdem waren als Reaktion auf die rassistischen und fremdenfeindlichen Ausschreitungen in dieser Zeit erste staatliche (z. B. das Aktionsprogramm gegen Aggression und Gewalt, kurz: AgAG) sowie zivilgesellschaftliche Projekte (z. B. die Amadeu Antonio Stiftung) und Aussteigerprogramme für Rechtsextreme entstanden. Ferner lag es im Selbstverständnis der seit 1998 von Bundeskanzler Gerhard Schröder geführten Regierungskoalition aus SPD und DIE GRÜNEN, für die Folgen der NS-Diktatur Verantwortung zu übernehmen. Angesichts solcher Gesellschaftsentwicklungen stagnierte die autonome Antifa-Bewegung in dieser Zeit.

Im neuen Jahrtausend zeigte sich allerdings infolge von rassistischen und rechtsextremen Ereignissen erneut die Dringlichkeit antifaschistischen Handelns: Am Abend des 10. Juni 2000 attackierten drei junge Nazis im Dessauer Stadtpark Alberto Adriano, der 1988 als einer der letzten Vertragsarbeiter*innen aus Mosambik in die DDR gekommen war und seitdem in Ostdeutschland lebte. Nach zahllosen Schlägen und Tritten mit schweren Springerstiefeln verlor Adriano das Bewusstsein und starb nach drei Tagen im Koma am 14. Juni 2000 an seinen Kopfverletzungen. Die drei jungen Nazis hatten sich zuvor betrunken, lauthals Parolen wie «Hier marschiert der nationale Widerstand», «Heil Hitler» und «Juden raus» skandiert und sich durch das indizierte «Afrika-Lied» der international bekannten Neonazikultband ‹Landser› aufgeputscht.[132] Die ersten Zeilen dieses Liedes lauten: «Deutschland ist ein schönes Land, wir lieben es so sehr, doch für Affen ist bei uns längst schon kein Platz mehr. Afrika für Affen, Europa für Weiße, steckt die Affen in ein Boot und schickt sie auf die Reise.»[133] Es war der Soundtrack für ein Verbrechen von unbeschreiblicher Brutalität. Die drei

Rechtsextremisten, von denen keiner ernstzunehmende Reue zeigte, wurden wegen gemeinschaftlichen Mordes verurteilt: Der 24-jährige Haupttäter erhielt eine lebenslange Freiheitsstrafe; das Urteil für die beiden 16-jährigen Mittäter lautete jeweils neun Jahre Jugendhaft. Bemerkenswert war in diesem Prozess, dass das Gericht erstmals eine Verbindung zwischen neonazistischer Musik und mörderischem Rassismus konstatierte.[134]

Die rot-grüne Bundesregierung nahm die Ermordung Alberto Adrianos und die anschließenden öffentlichen Beileidsbekundungen und Proteste zum Anlass für die Kommunikation einer neuen politischen Normsetzung: Die Notwendigkeit zivilgesellschaftlicher Basis- und Beratungsarbeit fand fortan nicht nur verbale Unterstützung, sondern es kam tatsächlich zur Gründung etlicher staatlicher Projekte und Programme (z. B. *Jugend für Toleranz und Demokratie*, *CIVITAS*, *Entimon*) gegen Rechtsextremismus, in denen viele der jugendlichen Antifa-Bewegung entwachsene Expert*innen neue Betätigungsfelder und eine berufliche Existenzsicherung fanden.[135] Da der Antifaschismus somit einen starken Schub durch den Staat bekam, war im Jahr 2000 schon bald die Rede von einem ‹Antifa-Sommer›. Es entstanden institutionalisierte ‹Antifa-NGOs› und allerorts wurde zivilgesellschaftliches Engagement gegen Antisemitismus, Fremdenfeindlichkeit und Rechtsextremismus gefördert.

Im Sommer und Herbst 2000 ereigneten sich zwei weitere antisemitische und rechtsextreme Anschläge, welche der Notwendigkeit antifaschistischer Initiativen Nachdruck verliehen: Am 27. Juli 2000 befand sich eine Gruppe Aussiedler*innen auf dem Heimweg von einem Sprachkurs, als am Düsseldorfer S-Bahnhof Wehrhahn eine Splitterbombe explodierte. Zehn Menschen, sechs davon jüdischen und vier muslimischen Glaubens, erlitten zum Teil schwere Verletzungen und eine Schwangere verlor dabei ihr ungeborenes Kind. Die Täter*innen dieses blutigen Bombenanschlags sind bis heute unbekannt. Ebenfalls in Düsseldorf kam es am 2. Oktober 2000 zu einem Anschlag auf die städtische Synagoge, bei dem zwei Täter durch Steinwürfe und Brandsätze das Gebäude beschädigten. Sie erklärten, aus Rachegefühlen aufgrund des im Gazastreifen begangenen Unrechts durch den Staat Israel gehandelt zu haben. Paul Spiegel, der damalige Vorsitzende des *Zentralrates der Juden*, forderte ein deutliches «Zeichen der Solidarität» mit den Juden, worauf Bundeskanzler Schröder am 4. Oktober den Tatort besuchte und dort öffentlichkeitswirksam erklärte: «Wir brauchen einen Aufstand der Anständigen, wegschauen ist nicht mehr erlaubt.»[136]

Schröders Aufruf zu mehr zivilgesellschaftlichem Engagement wurde breit rezipiert und infolge der öffentlichen Debatten entstanden zahlreiche Initiativen, Programme und Studien (z. B. die von 2002 bis 2011 an der Universität Bielefeld durchgeführte Langzeitstudie ‹Deutsche Zustände›) von Bund, Ländern und Kommunen. Die Parole «Gegen Nazis» wurde sozusagen zur Staatsräson.[137] Zwar begrüßte die radikale Linke diese antifaschistischen Impulse und wollte sie als gesamtgesellschaftliche Chance nutzen. Sie übte aber auch Kritik an den Initiativen und Programmen gegen Rechtsextremismus: Erstens betrachtete sie es skeptisch, dass die Zivilgesellschaft lediglich auf staatlich-autoritär initiierte Mobilisierungsansätze reagierte, weil sich dadurch offenbare, dass «Zivilgesellschaft ein modernes Projekt zur Beschaffung nationaler Identität in Deutschland sei und entsprechend kritisiert werden müsse».[138] Zweitens bemängelte die radikale Linke, dass sich die Initiativen einseitig auf die extreme Rechte fokussierten und die rassistischen Verhältnisse in der Mitte der Gesellschaft keine Thematisierung fanden. Drittens sahen sich insbesondere die autonomen Antifa-Gruppen durch den ‹Aufstand der Anständigen› ihrer Domäne beraubt und befürchteten einen signifikanten Bedeutungsverlust ihrer eigenen

Aktivitäten. Dieses Dilemma beschrieb die Redaktion eines *Antifaschistischen Kalenders* für das Jahr 2002 folgendermaßen:

> «Wenn der Apparat verspricht, dass das Problem des Rechtsextremismus bei ihm in guten Händen ist, wenn er glaubhaft macht, dass diese Gesellschaft es sich nicht mehr leisten will, von rassistischen Attacken beschmutzt zu werden, dann verliert autonome Antifapolitik ihre letzte große Gewissheit. Die Gewissheit, dass sie im Kampf gegen Faschisten auf sich alleine gestellt ist und damit auch gegen eine Gesellschaft kämpft, die Faschismus nicht wahrnehmen will. Was man vorher schon ahnen konnte, dass antifaschistische Politik nicht automatisch linke Politik ist, ist die neue Gewissheit, der man sich sicher sein kann.»[139]

Neben den Programmen gegen Rechtsextremismus setzte die Bundesregierung unter Bundeskanzler Gerhard Schröder zu Beginn des Jahres 2001 einen weiteren antifaschistischen Impuls, der sich letztendlich jedoch als ein «Lehrstück für die Eigendynamik symbolischer Politik»[140] offenbarte und insbesondere den autonomen Antifa-Gruppen den Beweis erbrachte, dass staatliche antifaschistische Schritte nicht per se erfolgreicher seien als Graswurzelinitiativen: Im Januar 2001 reichte die rot-grüne Bundesregierung einen Antrag beim Bundesverfassungsgericht ein, in dem die Verfassungswidrigkeit der Nationaldemokratischen Partei Deutschlands (NPD) festgestellt und dadurch ein Verbot dieser Partei erreicht werden sollte. Seit dem Jahr 1996 hatte die NPD unter ihrem neuen Vorsitzenden Udo Voigt einen Kurswechsel (‹Drei-Säulen-Strategie›: «Kampf um die Parlamente, Kampf um die Köpfe, Kampf um die Straße») eingeschlagen, der fortan einen ‹nationalen Sozialismus› betonte und die Nähe zu neonazistischen Gruppierungen suchte. Dadurch konnte die Partei den bis dato einflussreicheren Republikanern sowie der DVU den Rang ablaufen und nach Jahren in der relativen Bedeutungslosigkeit die Vormachtstellung im rechten Spektrum erringen.

Nach der Konsolidierung der NPD und einigen Wahlerfolgen, vor allem in den neuen Bundesländern, war es zunächst der bayerische Innenminister Günther Beckstein (CSU), der zu einem Verbotsverfahren der Partei aufrief und erklärte: «Wir dürfen nicht zulassen, dass unter dem Schutz des Parteienprinzips neonazistisches Gedankengut gefördert wird.»[141] Da sich die rot-grüne Regierungskoalition insbesondere beim Thema ‹Antifaschismus› keine Passivität vorwerfen lassen wollte, initiierte sie den Verbotsantrag, dem sich Bundestag und Bundesrat im März 2001 anschlossen.[142] Das Bundesverfassungsgericht setzte den Verhandlungstermin auf Februar 2002 an und lud zur Anhörung etliche NPD-Funktionäre ein. Dabei stellte sich heraus, dass 30 von 200 Personen aus der Führungsebene der Partei für den Verfassungsschutz tätig waren. Da das Bundesverfassungsgericht dadurch nicht unterscheiden konnte, welche Aktivitäten tatsächlich die NPD initiierte und welche der Verfassungsschutz einleitete, scheiterte das Verbotsverfahren schließlich im März 2003. Zur Klärung der Frage, ob die NPD eine verfassungswidrige Partei darstellt, kam es damals nicht, sodass die Partei unter Flankierung von konservativer Bagatellisierungspolitik weiterhin staatliche Zuwendungen – zwischen 1998 und 2007 insgesamt ca. 6,3 Millionen Euro – bekam. Erst nach dem Bekanntwerden der rechtsextremen Terrorzelle NSU brachten die Innenministerien der Länder erneut ein Verbotsverfahren ins Gespräch, welches das Bundesverfassungsgericht im Januar 2017 letztendlich abwies. Die Partei vertrete zwar eine verfassungsfeindliche Gesinnung und weise eine Wesensverwandtschaft zur NSDAP auf, allerdings habe sie in den letzten Jahren – obwohl sie 2004 in Sachsen und 2007 in Mecklenburg-Vorpommern in die Landesparlamente einzog – substanziell an Bedeutung verloren und besitze nicht mehr das «Potenzial» zur Beseitigung der Demokratie in der Bundesrepublik, so die Begründung des BVerfG.[143] Trotz eines zunehmend offensiver und konfrontativer in Erscheinung tretenden Rechtspopulismus und -extremismus vergab das Karlsruher Gericht damit eine Chance, einen «Beitrag gegen die Verrohung und für die Zivilität einer Gesellschaft» zu leisten.[144] Funktion des BVerfG ist es, als Letztinterpret der Verfassung Grundsatzurteile zur Einhaltung des Grundgesetzes zu sprechen. In diesem Fall erklärte es jedoch, dass die NPD nicht einflussreich und bedrohlich genug sei, um aufgrund von Verfassungsfeindlichkeit verboten zu werden. Eine Entscheidung, die politisch naiv anmutet.

Postautonomie: Die Spaltung der linksradikalen Bewegung in den 2000er Jahren

Seit den 1990er Jahren entwickelte sich Antifaschismus zu einem breiteren Gesellschaftsthema in der Bundesrepublik und der Staat reagierte insbesondere nach den rassistischen Pogromen zu Beginn der Dekade und nach den Ereignissen im Jahr 2000 mit Bundesprogrammen und Initiativen gegen Rechtsextremismus. Das kontroverse Konzept der ‹Akzeptierenden Jugendarbeit› und das blamable Scheitern des NPD-Verbotsverfahrens aus formalen Gründen demonstrierten jedoch die Defizite staatlich initiierten Antifaschismus und die daraus resultierende Notwendigkeit zivilgesellschaftlichen Engagements. Im Jahr 2000 registrierte der Verfassungsschutzbericht 15 951 rechtsextremistisch motivierte Straftaten, was einen Anstieg von 60 Prozent im Vergleich zum Vorjahr entsprach und den Höchstwert seit der deutschen Wiedervereinigung darstellte. Von den 998 dokumentierten rechtsextremistischen Gewalttaten richteten sich fast zwei Drittel (641) gegen Migrant*innen. Außerdem schätzte der Verfassungsschutzbericht die Zahl der gewaltbereiten Rechtsextremen auf ca. 9700 Personen.[145] Gerade in dieser Zeit eskalierte jedoch ein bereits lange schwelender Konflikt innerhalb der radikalen Linken und führte zur Spaltung der autonomen Bewegung in zwei Strömungen, den sogenannten ‹Antideutschen› und den ‹Antiimperialisten›.

Die Antideutschen

Ihren Ursprung hat die antideutsche Strömung im Kommunistischen Bund, in dem sich eine Gruppierung intensiv mit dem Nahostkonflikt beschäftigte und die seit dem arabisch-israelischen Sechstagekrieg von 1967 zunehmenden antizionistischen bzw. antisemitischen Ressentiments in der linken Szene scharf kritisierte. Zu einem weiteren zentralen Streitpunkt im KB entwickelte sich Ende der 1980er Jahre der Zusammenbruch der DDR und die aufkommenden Diskussionen über eine deutsche Wiedervereinigung. Der Konflikt hatte sich derart verschärft, dass sich der KB im Jahr 1991 endgültig auflöste. Aus dem Lager, das sich zum einen für Israel-Solidarität und zum anderen gegen die deutsche Wiedervereinigung aussprach, entwickelte sich die antideutsche Bewegung.

Nach dem Kollaps des real-existierenden Sozialismus und der Staatsauflösung der DDR richtete sich die antideutsche Strömung in erster Linie gegen einen spezifisch deutschen Nationalismus und warnte innenpolitisch vor einem starken Rechtsruck sowie außenpolitisch vor einer wachsenden Kriegsgefahr durch ein erstarkendes Deutschland. Die Wiedervereinigung bedeutete für die Antideutschen im Grunde eine Revision der Ergebnisse des Zweiten Weltkrieges, weshalb die Furcht vor einem

‹Vierten Reich› und einem erneuten deutschen Imperialismus oder Weltmachtstreben präsent war. Ebenso warnten antideutsche Gruppen vor einem drastischen Anstieg an Antisemitismus, Faschismus und Rassismus infolge der Deutschen Einheit. Unter dem Motto «Halt's Maul, Deutschland. Es reicht» veranstaltete sie ferner vom 30. September bis zum 3. Oktober 1990 in Berlin Aktionstage gegen die Wiedervereinigung, an deren Abschlusskundgebung sich ca. 20 000 Menschen beteiligten.

Eindringlich verwiesen Antideutsche im Kontext eines erstarkenden deutsch-nationalen Geistes auf die tödliche Politik, die das NS-Regime betrieben hatte und zu deren Beendigung die Siegermächte das Deutsche Reich folglich besetzten. In Anspielung an die Parolen «Nie wieder Krieg» und «Nie wieder Faschismus» propagierten die Antideutschen deshalb die Losung «Nie wieder Deutschland!» Im Rückblick wirkt die Forderung nach einem Veto der Alliierten zur deutschen Wiedervereinigung absurd. Die Befürchtungen, dass die Bundesrepublik nach der Deutschen Einheit das Asylrecht aus dem Grundgesetz de facto abschaffen oder sich als «ein ökonomischer und politischer Koloss in der Mitte Europas» an Militärinterventionen beteiligen könnte, waren jedoch nicht unbegründet.[146] Bis heute fallen Antideutsche bei Gedenkveranstaltungen wie beispielsweise zur Bombardierung Dresdens 1945 durch Slogans wie «Keine Träne für Dresden», «Deutsche Täter sind keine Opfer» oder dem in Anbetracht der breiten Flächenbombardements im Zweiten Weltkrieg zynischen Spruch «Bomber-Harris – do it again!» auf.[147]

Ein weiterer Eckpfeiler im antideutschen Denken ist seit der Genese der Strömung die bedingungslose Solidarität mit dem Staat Israel (ebenso wie mit den USA), was Parolen wie «Was wir wollen ist nicht viel – Antifa pro Israel» oder «Palästina, knie nieder! Die Siedler kommen wieder!» deutlich zum Ausdruck bringen. Als im Jahr 1991 der Irak im Zuge des Zweiten Golfkrieges das daran unbeteiligte Israel mit Scud-Raketen attackierte und die Friedensbewegung in der Bundesrepublik darauf relativ indifferent reagierte, entzweite sich die linksradikale Szene in ein proisraelisches und in ein propalästinensisches Lager. Die Antideutschen verwiesen in diesem Kontext zunehmend auf eine Bedrohung durch die ‹islamische Barbarei› sowie den ‹Islamfaschismus› und dass die westliche Welt deshalb für die ‹Verteidigung der Zivilisation› und liberal-demokratischer Werte einzutreten habe. Nach der Befürwortung der NATO-Interventionen in den jugoslawischen Nachfolgekriegen und dem Einsatz der Bundeswehr im Kosovo 1999 sprach man sich in der antideutschen Strömung nach dem 11. September 2001 für den Afghanistan- und 2003 ebenso für den Irakkrieg aus. Dadurch kam es im neuen Jahrtausend zu einer ideologischen Solidarisierung mit den Neokonservativen in den USA, die Kriegseinsätze zur weltweiten Verbreitung der Demokratie ausdrücklich befürworten. Antideutsche werden von ihren Kritiker*innen deshalb oftmals als ‹linke Bellizist*innen› bezeichnet.

Im Gegensatz zu den Grundsätzen der traditionellen Linken rückte in der antideutschen Bewegung durch die strikte Solidarität mit Israel und den USA die Kritik am Kapitalismus in den Hintergrund und in Teilen der Szene wird die neoliberale Gesellschaft und die daraus resultierenden sozialen Verhältnisse inzwischen sogar bejaht. Exemplarisch dafür steht die oftmals auf Demonstrationen skandierte Parole: «Wir tragen Gucci, wir tragen Prada – Tod der Intifada!». Insofern kommt es in der radikalen Linken noch bis heute zu erbitterten Debatten, ob die antideutsche Strömung überhaupt noch im linken Politspektrum anzusiedeln sei. Einzelne Vertreter der Antideutschen haben dann auch extreme Kurswechsel absolviert, etwa der Journalist und Politaktivist Jürgen Elsässer: War dieser durch seinen

Essay «Weshalb die Linke anti-deutsch sein muss» zu Beginn der 1990er Jahre ein einflussreicher Vordenker und Stichwortgeber für die antideutsche Strömung, eignete er sich in den 2000er Jahren zunehmend antiamerikanische und antiimperialistische Sichtweisen an, bevor er 2010 Chefredakteur des Monatsmagazins *Compact* wurde und seither deutschnationale, rechtspopulistische und verschwörungstheoretische Positionen vertritt. Da er nur ein Beispiel für einen solchen Kurswechsel von links nach rechts darstellt, ist in der linken Szene schon lange spöttisch die Rede davon, die ‹antideutschen Linken› eigentlich als ‹anti-linke Deutsche› zu bezeichnen.[148]

Im Wesentlichen schreibt sich die antideutsche Strömung die Gegnerschaft zu Antisemitismus, Antiamerikanismus, (regressivem) Antikapitalismus, Antiimperialismus und Islamismus auf die Fahnen; insbesondere in der ‹Kritik am Islam› kommen aber nicht selten deutlich rassistische Ressentiments zum Vorschein, wenn etwa islamische Einwanderer*innen in einem Atemzug mit islamistischen Selbstmordattentäter*innen genannt werden.[149] Die Hochphase der antideutschen Strömung zwischen den Jahren 2000 und 2005 ist zwar inzwischen vorbei, jedoch entzünden sich insbesondere an der Gretchenfrage der Linken (‹Nun sag, wie hast du's mit Israel?›) nach wie vor Konflikte innerhalb der Szene. Ebenso existieren weiterhin einige Zeitschriften wie die *Jungle World*, die *Konkret* oder allen voran die *Bahamas*, die in der antideutschen Denktradition stehen.

Die Antiimperialisten

Im Gegensatz zu den Antideutschen betrachtet die Strömung der Antiimperialisten den Imperialismus im ‹traditionellen linken Selbstverständnis› als das «höchste Stadium des Kapitalismus»[150] und demnach als das zentrale Feindbild der linksradikalen Bewegung. Diese Denkweise basiert auf der klassischen marxistisch-leninistischen Imperialismus-Theorie, wonach sich kapitalistische Ökonomien und Staaten zur Profitmaximierung ihre Arbeitskräfte, Rohstoffmärkte und Produktabsätze notfalls durch Gewalt, Kolonialismus und Krieg erschließen.[151] Insofern lehnen Antiimperialisten eine das eigene Staatsgebiet überschreitende Politik entschieden ab und solidarisieren sich mit Befreiungsbewegungen in Ländern, die infolge der Ausbeutung durch kapitalistische Staaten und den daraus resultierenden sozial-wirtschaftlichen Bedingungen einen relativ niedrigen Lebensstandard haben. Folglich schlägt sich die Kritik der antiimperialistischen Gruppierungen insbesondere in den USA als konstatierter Inbegriff für Kapitalismus und Imperialismus nieder. Spätestens seit dem Sechstagekrieg 1967 wird aber ebenso Israel als ‹Brückenkopf für den US-Imperialismus› betrachtet, weshalb sich Antiimperialisten besonders mit dem von der Palästinensischen Befreiungsorganisation (PLO) ausgerufenen Staat Palästina solidarisieren.

Insbesondere nach einer unter US-Führung begonnenen Militärintervention im Zweiten Golfkrieg (1990/91), nach dem völkerrechtlich umstrittenen NATO-Einsatz in (Rest-)Jugoslawien und dem Kosovo (1999), nach dem kontroversen US-amerikanischen ‹Krieg gegen den Terror› in Afghanistan (ab 2001) und Irak (2003) sowie nach der Eskalation im Nahen Osten infolge der Zweiten Intifada (2000–2005) verstärkten sich in der antiimperialistischen Strömung die antiamerikanischen und antizionistischen bzw. antisemitischen Ressentiments. Das ‹antiimperialistische Weltbild› richtet sich dabei jedoch nicht nur gegen die oftmals als ‹kleiner und großer Satan› bezeichneten Staaten Israel und USA, sondern teilweise ebenso gegen damit assoziierte Vorstellungen und Werte wie zum Beispiel Freiheit, Gleichheit, Demokratie, Individualismus und Liberalismus.[152] Anstatt die komplexe Welt der Gesellschaftswidersprüche zu analysieren und Grautöne zu zeichnen, artikuliert sich die Kritik der Antiimperialisten nicht selten in unterkomplexen Schwarz-Weiß-Schemata, in denen das liberal-kapitalistische System in toto dämonisiert, jedoch einzelne Despoten aus sogenannten ‹Entwicklungsländern› zu Friedens- und Befreiungskämpfern stilisiert werden.

Aus den unterschiedlichen Positionen einerseits zur deutschen Wiedervereinigung und andererseits zur Solidarität mit Israel sowie den USA entstanden im Laufe der 1990er Jahre erbitterte Dispute und Streitigkeiten zwischen der antideutschen und der antiimperialistischen Strömung. In den 2000er Jahren spitzte sich dieser Konflikt weiter zu und nach wie vor kommt es am Rande von ‹Friedensdemonstrationen› sogar zu Schlägereien zwischen diesen beiden linken Lagern, etwa wenn Antideutsche auf Kundgebungen US- und Israel-Fahnen schwenken und sich Antiimperialisten dadurch provoziert fühlen. Bereits in den 1990er Jahren haben sich Sammlungsbewegungen entwickelt, die den innerlinken Streit deeskalieren wollten und im Sinne einer antifaschistischen ‹Einheitsfront› zu kollektiven Aktionen aufrief. Jedoch stehen sich die antideutschen und die antiimperialistischen Strömungen noch heute feindlich gegenüber, sodass in vielen deutschen Städten einige verschiedene autonome Antifa-Gruppen existieren, die in erster Linie um die Definitions- und Interpretationsmacht von Antifaschismus konkurrieren.

Postautonome Ansätze und Bündnisse

Seit ihrer Genese Ende der 1970er Jahre hatte die autonome Antifa-Bewegung aufgrund vieler verschiedener Faktoren – innerlinke Zerwürfnisse, defizitäre Koordinationsstrukturen, fehlende Akzeptanz in der Bevölkerung, konkurrierende antifaschistische

Projekte des Staates und der Zivilgesellschaft, aber ebenso staatliche Repressionen und Überwachungen – etliche existenzielle Krisen durchlaufen. Begleitet von starken Protesten und schweren Gewaltausschreitungen bei Spitzenkonferenzen wie etwa der Welthandelsorganisation (WTO) in Seattle 1999 (‹Battle of Seattle›) oder dem G8-Gipfeltreffen in Genua 2001 entstand seit Ende der 1990er und zu Beginn der 2000er Jahre deshalb ein neuer Denkansatz in der Szene: Sogenannte ‹postautonome Gruppen› wollten die zivilgesellschaftliche Isolation der Antifa-Bewegung durchbrechen, ideologische Gräben überbrücken und schließlich eine ‹Scharnierfunktion› zwischen militanten Linksextremist*innen und moderaten Linken einnehmen. Das Präfix ‹post-› steht dabei für die Infragestellung einiger Struktur- und Wesensmerkmale, jedoch nicht für einen kompletten und radikalen Bruch mit der autonomen Antifa-Bewegung.[153] Vor allem durch die Erweiterung der Themenfelder (z. B. Proteste zur Finanzkrise, Gentrifizierung, Klimawandel etc.), das Forcieren einer breiteren und offenen Bündnispolitik (z. B. mit *Blockupy*, *Ende Gelände*, *Fridays for Future* etc.) und das Bewerben kollektiver Protestformen im Stile des zivilen Ungehorsams (z. B. Boykotte, Sitzblockaden, Nicht-Kooperationen etc.) sollte die antifaschistische Linke gestärkt werden.

In der Öffentlichkeit und von staatlichen Stellen wird jedoch oftmals kritisiert, dass der zivile Ungehorsam – schon dem Grundprinzip nach eine Protestform, die sich «in der Schwebe zwischen Legalität und Legitimität befindet»[154] – als eine interpretationsoffene Klammer für die breiten Aktionsbündnisse und letztendlich als Deckmantel für Straf- und Gewalttaten instrumentalisiert werde. Offiziell beteiligen sich Postautonome zwar nicht an Randalen, allerdings distanzieren sie sich auch nicht eindeutig von der Gewaltanwendung zur Durchsetzung ihrer politischen Ziele.[155] Die bekanntesten Fälle dafür sind die Proteste gegen den G8-Gipfel in Heiligendamm 2007, gegen die Eröffnung des neuen EZB-Gebäudes in Frankfurt 2015 und insbesondere gegen den G20-Gipfel in Hamburg 2017, die unter dem nur bedingt einladenden Motto «Welcome to Hell» standen. Ebenso existieren jedoch etliche Beispiele wie die jährlichen Proteste rund um das Gedenken an die Dresdner Bombennacht vom 13./14. Februar 1945, bei denen breite Bündnisse (z. B. ‹GehDenken›, ‹No Pasarán!› und ‹Dresden nazifrei›) zwischen (post-)autonomen Antifa-Gruppen einerseits und bürgerlichen Kräften sowie etablierten Parteien andererseits Naziaktionen durch friedliche Blockadeaktion und Lichterketten unmittelbar unterbinden.

Interventionistische Linke (IL) Eine autonome Sammlungsbewegung, die sich bereits Ende der 1990er Jahre als ein bundesweites informelles Treffen von linksradikalen Gruppen entwickelte, war die ‹Interventionistische Linke›. Darin fanden zunächst Aktivist*innen aus verschiedensten Strömungen wie zum Beispiel aus der Anti-AKW-Bewegung, der Friedensbewegung, der Frauenbewegung sowie Globalisierungskritiker*innen zusammen, um die Gesellschaft nach ihren Vorstellungen zu verändern. Antifaschismus war dabei für viele Akteur*innen das zentrale Betätigungsfeldfeld, weil es ihnen notwendig erschien und linksradikale Politik in diesem Bereich noch auf Resonanz stieß.[156] Nach langen Diskussionsprozessen und einigen ersten Kooperationen der späteren Bündnispartner kam es zum Jahreswechsel 2005 schließlich zur offiziellen Gründung der Interventionistischen Linken. In der breiten Öffentlichkeit trat sie erstmals im Kontext der Proteste gegen den G8-Gipfel in Heiligendamm 2007 in Erscheinung, wo sie federführend an der Kampagne «Block G8» beteiligt war. Es folgten darauf viele verschiedene Protestaktionen samt breiter Bündnispolitik wie zum Beispiel gegen die neonazistischen Gedenkfeiern in Dresden (*Bündnis Dresden Nazifrei*; *No Pasarán*), gegen Castor-Transporte (*Castor? Schottern!*), gegen den Braunkohleabbau (*Ende Gelände*) und gegen den G20-Gipfel (*Bündnis gegen das G20-Treffen*) in Hamburg 2017. Inzwischen besteht die Interventionistische Linke aus ca. 30 Ortsgruppen und vielen Einzelpersonen in Deutschland und Österreich.

Statt sich in subkulturellen Nischen zu isolieren oder nur Theoriearbeit zu leisten, ruft die Interventionistische Linke zur Praxis in offenen und breiten Bündnissen auf: «Wir wollen eine radikale Linke, die aktiv gegen Patriarchat, Rassismus und Kapitalismus insgesamt kämpft, die dabei immer wieder neue Allianzen sucht, die Brüche vertieft und Chancen ergreift, die lieber Fehler macht und aus ihnen lernt, anstatt sich im Zynismus der reinen Kritik zu verlieren.»[157] In der Denktradition von Karl Marx strebt die IL einen «revolutionären Bruch mit dem nationalen und globalen Kapitalismus […] und allen Formen von Unterdrückung, Entrechtung und Diskriminierung»[158] an, den sie durch außerparlamentarische und staatsantagonistische Politik erreichen will. Dabei schenkt sie der Parlamentsarbeit durchaus Bedeutung, jedoch bestreitet die Interventionistische Linke in ihren Aktionen das alleinige staatliche Gewaltmonopol und strebt in ihrer Selbstwahrnehmung nicht nach Legalität, sondern nach Legitimität.[159] Laut Verfassungsschutz besitze die IL ein «taktisches» Verhältnis zur Gewalt, deren Praktizierung sie entsprechend ihrer Politik des ‹revolutionären Bruches› nicht kategorisch ausschließt.[160] In einer Selbstverständniserklärung formuliert die Interventionistische Linke: «Wir bewegen uns dabei in dem Widerspruch, dass unsere Politik einerseits darauf gerichtet ist, die Gewalt und die gewalttätigen gesellschaftlichen Verhältnisse zu überwinden, und wir andererseits um den Charakter und die Schärfe des weltweiten Kampfes gegen die herrschende Ordnung wissen.»[161]

... ums Ganze! Neben der Interventionistischen Linken ist das ‹... ums Ganze!›-Bündnis ein einflussreicher Akteur in der linksradikalen Szene. Nach der Gründung Ende 2006 trat es ebenso wie die IL im Rahmen der Demonstrationen gegen den G8-Gipfel in Heiligendamm erstmals öffentlich in Erscheinung. Das ‹... ums Ganze!›-Bündnis ist aus dem autonomen Antifa-Spektrum entstanden und besteht aus einem Dutzend Gruppen (z. B. die ‹Antifaschistische Gruppe Bremen›, die ‹Redical [M]› aus Göttingen sowie die Gruppe ‹Eklat› aus Münster), die linksradikale Gesellschaftspolitik überregional praktizieren wollen. Dabei beschränken sie sich weder auf Institutionen oder Parlamente noch auf irgendwelche festen Verfahren.[162] «Langfristiges Ziel des Bündnisses ist es, die ‹Logik des kapitalistischen Alltags theoretisch und praktisch aufzubrechen› und ein kommunistisches System zu errichten.»[163]

Nach den Demonstrationen zum G8-Treffen 2007 fiel ‹... ums Ganze!› vor allem durch Protestaktionen zu zahlreichen staatlich begangenen Jubiläen – 20 Jahre Mauerfall, 60 Jahre Grundgesetz und 20 Jahre deutsche Wiedervereinigung – in den Jahren 2009/2010 auf und initiierte dazu unter dem Motto «Staat, Nation, Kapital – Scheiße» eine antinationale Kampagne samt Informations- und Diskussionsveranstaltungen sowie Großdemonstrationen. Insbesondere die jährlichen Feierlichkeiten zum 3. Oktober rückten in den Fokus des Bündnisses. Seit dem Jahr 2016 betreibt es die bundesweite Kampagne ‹Nationalismus ist keine Alternative› (NIKA), die sich in erster Linie gegen die ‹Festung Europa› und eine Abschottung der EU in der Asylpolitik richtet.[164] Beim G20-Gipfel 2017 in Hamburg veranstaltete ‹... ums Ganze!› unter dem Motto «Shut Down the Logistics of Capital» eine Blockade des Stadthafens, was zu einem dreitägigen Rückstau des Betriebs dort führte. Das Bündnis betrachtet den Kapitalismus nämlich als ein «nicht reformierbares

Grundübel der Menschheit», das es bedingungslos zu bekämpfen gelte.[165]

Im klassischen Selbstverständnis der autonomen Antifa-Bewegung stellen demnach Antifaschismus und Antikapitalismus die Grundpfeiler von ‹… ums Ganze!› dar. Dadurch, dass das Bündnis jedoch nicht nur die Politik der Regierung, sondern auch einige aus seiner Sicht falsche Alternativen ablehnt, ist die Sammelkraft dieser Bewegung in der linksradikalen Szene bisher allerdings begrenzt. Sowohl aus dem antideutschen als auch aus dem antiimperialistischen Spektrum artikuliert sich Kritik an ‹… ums Ganze!›, weil sich das Bündnis im Sinne der Postautonomie für die Vernetzung und Kooperation mit nicht extremistischen Akteuren und Gruppen und vor allem für Protestaktionen im Stile des zivilen Ungehorsams (z. B. Sitzblockaden) ausspricht.

Die größte Herausforderung der antifaschistischen Bewegung ist es nach wie vor, trotz unterschiedlicher Ansätze und Konzepte von autonomen Gruppen und zivilgesellschaftlichen Initiativen, sich auf gemeinsame Ziele zu einigen: Autonome Gruppen verfügen durch ihre detaillierten Beobachtungen über bedeutsame Informationen über die rechte Szene, können insbesondere die junge Bevölkerung zum Engagement aktivieren und weisen ein breites Repertoire an Aktivitäten zur Bekämpfung und Schwächung von Nazis auf; zivilgesellschaftliche Initiativen, die ihre Kritik nicht derart radikal artikulieren, besitzen aber vor allem ‹reale Kräfte›, welche die Legitimität der oftmals kompromisslosen Aktionen von autonomen Gruppen in die bürgerliche Gesellschaft vermitteln und zusätzlich einen Effekt auf das Klima und die Verhältnisse eines Stadtviertels oder einer Stadt ausüben können.[166] Entscheidend ist stets, dass beide Seiten in den Interventionsprozessen gegen rechte Aktivitäten und Strukturen für sich keinen Absolutheitsanspruch erheben, sondern ihre jeweiligen Stärken bündeln und kooperativ agieren.

Schließlich ist Handlungsbedarf geboten: Rassistische und rechtsextreme Gruppierungen sind in der Bundesrepublik zuletzt erstarkt und haben ihre Gewaltfantasien insbesondere an Geflüchteten und deren Unterkünften ausgelebt. Im Jahr 2019 zählte der Verfassungsschutz über 22 300 rechtsextreme Straftaten, was einen Anstieg von fast 10 Prozent im Vergleich zum Vorjahr bedeutete, sodass Bundesinnenminister Horst Seehofer (CSU) Antisemitismus, Rassismus und Rechtsextremismus als «die größte Bedrohung für die Sicherheit in Deutschland» und als «Schande für unser Land» bezeichnete.[167] Der Bericht schätzt die Zahl an Rechtsextremisten in der Bundesrepublik auf über 32 000, von denen ca. 13 000 Gewaltbereitschaft erkennen lassen.[168] Neben rechtsextremen Parteien ist es ferner die Detektion von vielen kleinen Gruppen und Einzeltäter*innen, was die Sicherheitsbehörden alarmiert.

Die Feindbilder: Rechtsextreme Parteien, Gruppierungen und Aktivitäten Zum zentralen Feindbild der Antifa-Bewegung entwickelten sich in den letzten beiden Dekaden neonazistische (Klein-)Parteien. Unter ihrem Vorsitzenden Udo Voigt (1996–2011) hatte sich die NPD zu einer starken rechtsextremistischen Kraft entwickelt, die 2004 in Sachsen mit 9,2 Prozent und 2006 in Mecklenburg-Vorpommern mit 7,3 Prozent der Stimmen in die jeweiligen Landtage einziehen und diesen Erfolg fünf Jahre später wiederholen konnte. Streitigkeiten über den zukünftigen Kurs der NPD ebenso wie finanzielle Probleme und Strafzahlungen führten jedoch dazu, dass die Partei an Einfluss verlor, woran auch eine Fusion mit der DVU zur ‹Nationaldemokratischen Partei Deutschlands – Die Volksunion› (NPD – Die Volksunion) im Jahr 2011 nichts ändern konnte. Einige ehemalige DVU-Politiker*innen riefen in diesem Kontext 2012 die Partei DIE RECHTE ins Leben, was nicht nur namentlich, sondern auch durch die Kopie der Großbuchstaben im Schriftzug und ein nach rechts weisendes rotes Wimpeldreieck über dem ‹I› eine demonstrative Anspielung auf die Partei DIE LINKE sein sollte. DIE RECHTE tritt vor allem durch Demonstrationen, Flugblattverteilungen, Infoständen und Internetveröffentlichungen in Erscheinung, verbreitet antisemitische, revisionistische und rechtsextremistische Thesen und strebt einen fundamentalen Systemwechsel in Deutschland an.[169] In den Schlagzeilen stand die Partei zuletzt, weil sie für die Europawahl im Frühjahr 2019 die vielfach verurteilte Holocaustleugnerin Ursula Haverbeck-Wetzel als Spitzenkandidatin nominierte und antisemitische Parolen propagierte: So stand auf einem Werbeplakat der an den nationalsozialistischen Spruch ‹Die Juden sind unser Unglück› erinnernde Satz «ZIONISMUS STOPPEN: ISRAEL IST UNSER UNGLÜCK! SCHLUSS DAMIT!», den die Partei im Europawahlkampf durch antisemitische Statements wie ‹DIE RECHTE› sei «die einzig konsequente antiisraelische Partei auf dem Stimmzettel» in den sozialen Netzwerken noch weiter beförderte.[170] Parlamentarische Bedeutung konnte DIE RECHTE bisher nicht erreichen, zumal aufgrund von internen Streitigkeiten die Zahl der Parteimitglieder im Jahr 2019 auf ca. 550 zurückging.

Im Gegensatz dazu konnte eine andere rechtsextremistische Kleinpartei laut dem Bundesamt für Verfassungsschutz ihre Strukturen zuletzt etwas ausbauen: Die ebenfalls aus dem Niedergang der NPD entstandene und seit 2013 existierende Partei *Der III. Weg* hat demnach aktuell ca. 20 lokale Stützpunkte in der Bundesrepublik, von denen aus sie im Sinne ihrer drei zentralen Betätigungsfelder agiert: (1) «Politischer Kampf» bedeutet für die Partei Demonstrationen, Kundgebungen sowie Volksküchen- und Verteilaktionen an bedürftige Deutsche; (2) «kultureller Kampf» bezieht sich auf Brauchtumspflege wie das

Gedenken an den 8. Mai 1945, als Tag der Niederlage des nationalsozialistischen Regimes; (3) «Kampf um die Gemeinschaft» beinhaltet Aspekte wie zum Beispiel ‹Nachbarschaftshilfe›, ‹gemeinsame Freizeitgestaltung› und ‹sportliche Zusammenkünfte›.[171] Entstanden aus ehemaligen NPD-Funktionär*innen sowie Personen aus dem rechtsextremen *Freien Netz Süd* und der lokalen Neonazi-Gruppe *Revolutionäre Nationale Jugend* spricht sich *Der III. Weg* entsprechend seiner Selbstbezeichnung für eine Alternative abseits von Kapitalismus und Kommunismus aus und strebt unter offener Bezugnahme auf das NS-Regime einen ‹deutschen Sozialismus› an. Die Partei vertritt ein antipluralistisches Menschenbild und setzt sich für die Entwicklung und Erhaltung der «biologischen Substanz des Volkes» ein.[172] Parlamentarischen Einfluss hat *Der III. Weg* jedoch ebenso wenig wie DIE RECHTE.

Von einem anderen Format ist dagegen der Einfluss der rechtspopulistischen bis rechtsextremen *Alternative für Deutschland* (AfD). Gegründet im Februar 2013 in Berlin verfehlte die zunächst als EU-skeptische und rechtsliberal auftretende Partei im selben Jahr noch den Einzug in den Bundestag. 2014 konnte die AfD jedoch sowohl in die Landesparlamente von Sachsen, Brandenburg und Thüringen als auch in das Europaparlament einrücken. In der Folgezeit spaltete sich der rechts- und wirtschaftsliberale Flügel ab, sodass die Partei einen noch stärkeren Rechtskurs forcierte und zunehmend autoritäre, antifeministische, antisemitische, antipluralistische, homophobe, nationalistische, rassistische, rechtsextreme und den Nationalsozialismus relativierende Positionen vertrat. Die damalige Bundessprecherin Frauke Petry erklärte im Januar 2016, dass Polizist*innen illegale Grenzübertritte verhindern und «notfalls auch von der Schusswaffe Gebrauch machen» müssen.[173] Der Rechtsaußen Björn Höcke forderte im Januar 2017 eine 180-Grad-Wende der deutschen Erinnerungskultur und kommentierte das Berliner Holocaust-Mahnmal folgendermaßen: «Wir Deutschen sind das einzige Volk der Welt, das sich ein Denkmal der Schande in das Herz seiner Hauptstadt gepflanzt hat.»[174] Im Juni 2018 erklärte der Fraktionsvorsitzende Alexander Gauland beim Bundeskongress der AfD-Nachwuchsorganisation Junge Alternative, dass «Hitler und die Nazis nur ein Vogelschiss in über 1000 Jahren erfolgreicher deutscher Geschichte» gewesen seien.[175] Die Liste an demokratiefeindlichen Statements ließe sich weiter fortführen, denn die Provokation ist eine zentrale Strategie der Partei.

Nichtsdestotrotz ist die AfD inzwischen in allen Landesparlamenten vertreten und schaffte bei der Bundestagswahl 2017 mit 12,6 Prozent der Stimmen ebenfalls den Einzug in den Deutschen Bundestag, wo sie die drittstärkste Kraft und nach der Bildung einer Großen Koalition die größte Oppositionsfraktion darstellt. Das Leitmotiv der Partei ist nach wie vor die Forderung nach einer restriktiven Einwanderungspolitik und dementsprechend hält sie Kontakt zu neurechten Strömungen wie zum Beispiel zur islam- und fremdenfeindlichen Organisation ‹Patriotische Europäer gegen die Islamisierung des Abendlandes› (*PEGIDA*) oder zur rechtsextremen ‹Identitären Bewegung› (IB). Innerhalb der AfD ist vor allem die Gruppierung ‹Der Flügel› um Björn Höcke ein Sammelbecken für rechtsnationale und -extreme Kräfte. Im März 2020 stufte das Bundesamt für Verfassungsschutz diesen als eine «rechtsextremistische Bestrebung gegen die freiheitliche demokratische Grundordnung»[176] ein, weshalb ‹Der Flügel› und seine Fürsprecher*innen seitdem nachrichtendienstlich beobachtet werden. Offiziell hat sich die Gruppierung Ende April 2020 aufgelöst, laut Verfassungsschutz kämpfen deren Vertreter*innen aber weiterhin für stärkeren Einfluss und die Radikalisierung der Partei.

Neben den Aktivitäten und Strukturen rechtsextremer Parteien fokussierte sich die Antifa-Bewegung zudem auf Veranstaltungen, die sich in den letzten Jahren zu festen Größen und Kristallisationspunkten der rechten Szene entwickelt haben, wie zum Beispiel der ‹Tag der deutschen Zukunft› (TddZ). Erstmals hat diesen die ‹Initiative gegen Überfremdung› 2009 im schleswig-holsteinischen Pinneberg und in den Folgejahren in anderen norddeutschen (Groß-)Städten veranstaltet, bevor das rechtsextreme Event nach bundesweiter Mobilisierung und ca. 1000 aufmarschierenden Neonazis im Juni 2016 in Dortmund seinen Höhepunkt erreichte. Seitdem hat die Veranstaltung jedoch an Attraktionskraft in der rechten Szene verloren: Einerseits war der antifaschistische Protest gegen die Naziaufmärsche in den Folgejahren in Karlsruhe, Goslar und Chemnitz stark und erhielt aufgrund kreativer Aktionsformen wie Blockaden breite Unterstützung aus der Bevölkerung; andererseits können alte Parteikader wie Christian Worch keine neuen Konzepte für die Szene anbieten, sondern rufen weiterhin zu Demonstrationen in Reih und Glied und mit Banner und Fahnen in den Farben des Deutschen Reichs auf, was selbst einigen langjährigen Gefolgsleuten inzwischen zu altbacken erscheint.[177] Da die Strahlkraft des Events stark nachließ und sich im Juni 2020 im rheinland-pfälzischen Worms schließlich nur noch knapp 60 Neonazis versammelten, die von tausenden Gegendemonstrant*innen konfrontiert wurden, verkündeten die Veranstalter*innen das Ende des ‹Tags der deutschen Zukunft›.

Die (neu-)rechte Szene ist dagegen zunehmend im ‹vorpolitischen Raum› aktiv: Es existieren rechtsradikale und -extreme Blogs, Internetradios, Podcasts und soziale Netzwerke. Kampfsportevents finden verstärkt Zulauf[178] und rechtsradikale Rockmusik hat seit Jahrzehnten eine starke Kohäsionskraft für die Szene. Für Schlagzeilen sorgte vor allem die als ‹Rock gegen Überfremdung› betitelte Konzertreihe, die in den Jahren 2016,

2017 und 2018 in unterschiedlichen thüringischen Städten stattfand. Nach der ersten Veranstaltung in Kirchheim 2016 war im folgenden Jahr die Stadt Themar Schauplatz für eine Serie von Rechtsrockfestivals. So kamen nach europaweiter Werbung am 15. Juli 2017 ca. 6000 Rechtsradikale in die südthüringische Landstadt zu Konzerten von rechtsextremen Bands wie ‹Die Lunikoff Verschwörung›, ‹Sleipnir› und ‹Stahlgewitter›. Zwar versuchte das lokale ‹Bündnis für Demokratie und Weltoffenheit› die Veranstaltung zu verhindern, jedoch sprach es sich gegen eine Beteiligung von Antifa-Gruppen aus und der Bürgermeister von Themar erklärte: «Ich will auch nicht, dass der schwarze Antifa-Block hier aufschlägt.»[179]

Statt eines breiten Schulterschlusses richtete das Bündnis einen schriftlichen Hilferuf an die Bundeskanzlerin, den Bundespräsidenten und den thüringischen Ministerpräsidenten Bodo Ramelow (DIE LINKE). Dies hatte lediglich die Einberufung einer parlamentarische Beobachtungsgruppe zur Folge, sodass das größte deutsche Rechtsrockfestival 2017 in Themar stattfinden konnte. Ermutigt von diesem Erfolg veranstaltete die rechte Szene kurz darauf unter den Mottos ‹Sturm auf Themar 2.0› sowie ‹Rock gegen Links› zwei weitere Festivals dieser Art in der thüringischen Stadt, die jedoch ein kleineres Format hatten. Diesmal kamen zwar Antifa-Gruppen zu Gegendemonstrationen zusammen, verhindern konnten sie die Rechtsrockfestivals allerdings nicht. Die letzte ‹Rock gegen Überfremdung›-Veranstaltung fand 2018 in der Kreisstadt Apolda statt; dass die Konzertreihe danach ihr Ende fand, lag allerdings nicht an antifaschistischer Gegenwehr, sondern in erster Linie an Streitigkeiten unter den Veranstalter*innen.

Im Gegensatz dazu stellt das jährlich stattfindende ‹Jamel rockt den Förster›-Festival in Mecklenburg-Vorpommern ein erfolgreiches Beispiel für eine antifaschistisch-subkulturelle Reaktion auf rechtsradikale Aktivitäten und Strukturen dar: Veranstaltungsort ist das Dorf Jamel, das sich trotz seiner nur ca. 35 Einwohner*innen im Laufe der 1990er Jahre zu einer Hochburg der rechtsextremen Szene entwickelte, nachdem dort am 20. April 1992 erstmals ca. 120 Neonazis den Geburtstag Adolf Hitlers feierten. In den Folgejahren begannen die ansässigen Neonazis das Dorf nach ihrem völkischen Ideal aufzubauen, drangsalierten Andersdenkende und schreckten selbst vor Brandstiftungen nicht zurück.[180] Im Ort weist ein Schild unter anderem in Richtung Braunau am Inn und an einer Garagenwand zwischen zwei völkisch anmutenden Malereien steht: ‹Dorfgemeinschaft Jamel, frei – sozial – national›. Trotz aller Einschüchterungsversuche und Repressionen der lokalen Neonazis engagiert sich das 2004 zugezogene Ehepaar Birgit und Horst Lohmeyer in diesem Dorf aktiv für Demokratie und Toleranz. 2007 richteten sie erstmals das ‹Jamel rockt den Förster›-Festival aus, auf dem in den folgenden Jahren unter anderem Szenegrößen wie ‹Antilopen Gang›, ‹Feine Sahne Fischfilet› oder ‹Bela B.› auftraten. Für ihr Engagement und ihre Zivilcourage erhielt das Ehepaar Lohmeyer bereits diverse Preise und im Jahr 2016 übernahm die Ministerpräsidentin Mecklenburg-Vorpommerns, Manuela Schwesig, die Schirmherrschaft für das Musikfestival.[181]

Eine kulturelle Großveranstaltung, die ebenfalls für reichlich Berichterstattungen und Zuspruch in der Zivilbevölkerung sorgte, fand am 3. September 2018 in Chemnitz statt: Einige Tage zuvor war am Rande eines Stadtfestes ein 35-jähriger Chemnitzer mutmaßlich von zwei Asylsuchenden erstochen worden, worauf eine ‹fremdenfeindliche Bürgerbewegung› zu einer Demonstration aufrief, die in Gewaltausschreitungen eskalierte. Ferner hielt die AfD zusammen mit PEGIDA einen ‹Trauermarsch› ab, an dem sich ca. 4500 Personen beteiligten. Als Reaktion auf diese Ereignisse und um ein deutliches Zeichen gegen

Rechts zu setzen, veranstaltete ein breites Bündnis unter dem Motto «Wir sind mehr» am 3. September ein kostenloses Konzert, auf dem vor ca. 65 000 Besucher*innen unter anderem ‹Kraftklub›, ‹Marteria & Casper› und ‹Die Toten Hosen› auftraten. Größtenteils stieß das Konzert auch jenseits der linken Szene auf sehr positives Echo: Sachsens Ministerpräsident Michael Kretschmer (CDU) lobte wiederholt das Engagement der Veranstalter*innen und schrieb auf Twitter: «65 000 Besucher haben #wirsindmehr besucht. Ich war und bin beeindruckt und voller Anerkennung für diese Initiative!» Der sächsische Innenminister Roland Wöller (CDU) erklärte ebenfalls: «Es war wichtig, ein klares Zeichen gegen Rechtsextremismus in Chemnitz, in Sachsen, wie insgesamt in Deutschland zu setzen.»[182] Der sächsische Verfassungsschutz führte die Veranstaltung jedoch unter ‹Linksextremismus› auf, weil die Band ‹Feine Sahne Fischfilet› das Publikum zu ‹Alerta, Alerta Antifascista!›-Rufen animierte und die Musikgruppe ‹K. I. Z.› der Chemnitzer Antifa für ihr Engagement dankte. Insofern veranschaulicht dieses Beispiel deutlich, in welchem breiten Spannungsfeld – zwischen staatlichem Lob und staatlicher Kritik – sich antifaschistisches Engagement aufgrund von unreflektierten Assoziationen, unterkomplexen Fremdzuschreibungen und unzureichender Kenntnis befindet.

4. Die autonome Antifa zwischen zivilgesellschaftlichem Engagement und staatlichen Repressionen

Die meisten autonomen Antifaschist*innen entstammen einem akademischen Elternhaus, sind zwischen 15 und 35 Jahre alt, deutlich öfter männlich als weiblich und befinden sich meist noch in Ausbildung oder im Studium. Schon darin unterscheidet sich die autonome Antifa-Bewegung eklatant von der Zusammensetzung der historischen Antifaschistischen Aktion, in der vor allem Arbeiter engagiert waren.[1] Die Szene weist ein sehr breites Spektrum an Aktionsfeldern auf: Es reicht von antifaschistischer Aufklärungs- und Bildungsarbeit (z. B. Informations-, Diskussions- und Podiumsveranstaltungen, Infostände, Verteilen von Flyern, Verbreiten von Plakaten, ‹Antifaschistische Aktionstage und -wochen› etc.) sowie explizit friedlichen Protestaktionen im Stile des zivilen Ungehorsams (z. B. Sitzblockaden) über Sabotageaktionen (z. B. Farbschmierereien, Farbbeutelattacken, Verkleben von Türschlössern, Zerstechen von Autoreifen, Zerstören von Fensterscheiben etc.) bis hin zum Werfen von Steinen und Molotowcocktails sowie Gewaltattacken auf den politischen Feind. Der Erfolg der antifaschistischen Aktionen wird dabei vor allem am Grad der öffentlichen Resonanz bemessen, weshalb insbesondere der Gewaltaspekt einen zentralen Streitpunkt in der Bewegung darstellt.[2] Bereits Ende der 1980er Jahre erreichte dieser Disput bei Antifa-Gruppen seinen Kulminationspunkt. Für den Großteil der autonomen Antifaschist*innen stellen körperliche Auseinandersetzungen mit Neonazis seitdem das ‹letzte abschreckende Mittel› zur situationsbedingten Selbstverteidigung dar und in der Szene herrscht im Wesentlichen Konsens darüber, dass Attacken auf Leib und Leben von Neonazis sowie auf Vertreter*innen von Staat und Wirtschaft ein absolutes Tabu sind. Da sich Linksradikale im Gegensatz zu Rechtsradikalen nicht als Menschen-, sondern lediglich als Strukturfeinde betrachten, wollen sie sich deutlich von den Praktiken der Neonazis unterscheiden, weshalb der Einsatz von tödlichen Waffen wie zum Beispiel Eisenstangen oder Messern ein striktes No-Go ist. Ebenso ist sich die Szene darüber einig, dass auf dem Boden liegende und kampfunfähige Gegner*innen bei Konflikten nicht weiter attackiert werden.[3]

Nichtsdestotrotz ist der ‹Gedanke der Aktion› das zentrale Unterscheidungscharakteristikum zwischen autonomen Antifa-Gruppen und bürgerlichen antifaschistischen Initiativen. ‹Antifa› bedeutet in der linksradikalen Szene nicht nur verbale Aufgeschlossenheit bei der Bekämpfung rechtsextremer Aktivitäten und Strukturen, sondern ebenso das Ausbrechen aus der eigenen Verhaltensstarre. ‹Antifa› steht für ‹Angriff›, weshalb in der Bewegung seit ihrer Genese ein ‹Kult der Rebellion›, eine ‹Ästhetik der Gewalt› und ein ‹Image des Straßenkämpfers› existiert.[4] Durch die praktische Erfahrung von erfolgreicher Selbstverteidigung erhielt die Gewalt Einzug in das breite Spektrum antifaschistischer Aktionsformen. Durch bestimmte Schlüsselereignisse und -phasen kam es im Laufe ihrer Geschichte zu ethischen Grenzverschiebungen im Credo und im Selbstverständnis der antifaschistischen Bewegung. Gewalt entwickelte sich von einem Instrument der Selbstverteidigung bei Bedrohungen über ein Mittel der Gegenwehr hin zum Ausdruck einer Gegenmacht, etwa bei eigeninitiierten Attacken auf Neonazis.[5] Aus diesem

Grund sind nicht nur Bengalische Feuer, Nebelkerzen, Feuerwerksraketen und Rauchbomben, sondern ebenso Steinschleudern, Leuchtkugelabschussgeräte, Wurfgeschosse aller Art (z. B. Beutel mit Fäkalien, Steine und Molotow-Cocktails), Schlagringe, Knüppel, Gaspistolen durchaus Bestandteil des Repertoires besonders militanter Antifa-Gruppen.[6]

Diese Gewaltbereitschaft hat schließlich zur Folge, dass eine breite antifaschistische Bündnispolitik zwischen etablierten Parteien und zivilgesellschaftlichen Kräften auf der einen und autonomen Antifa-Gruppen auf der anderen Seite stets eine enorme Herausforderung darstellt und kontinuierlich Debatten über die effektivste Strategie des Antifaschismus stattfinden. Im Fall ‹Dresden›, das seit der Wiedervereinigung eine Renaissance als Chiffre für die ‹Sinnlosigkeit von Krieg› erfahren hat, das aber ebenso jährlich am 13. Februar Schauplatz für Gedenk- und Propagandaveranstaltungen von Rechtsextremist*innen ist, können sich autonome Antifa-Gruppen und Zivilgesellschaft trotz unterschiedlicher Konzepte konfliktfrei auf friedliche Aktivitäten zur Erinnerung an den Nationalsozialismus und gegen Rechtsextremismus einigen. Das ritualisierte Bekenntnis zur Gewaltfreiheit wird zwar von einzelnen linksradikalen Kräften «als Kotau vor der strukturellen Gewalt der Verhältnisse» und die Menschenketten als «bloße bürgerliche Symbolpolitik» kritisiert,[7] jedoch kann das breite Bündnis aus autonomen Antifa-Gruppen, Parteien, Kirchen, Gewerkschaften, Wirtschaftsverbänden und weiteren Initiativen seit 2010 die Neonazi-Demonstrationen relativ erfolgreich blockieren und verhindern.

Nicht selten bewerten autonome Antifa-Gruppen Bündnisse mit bürgerlichen Initiativen allerdings als ineffektiv, weil sie direkte Konfrontationen mit Rechtsextremist*innen als wirkungsvoller erachten. Staatskonforme Protestaktionen wie etwa Lichterketten verstand die radikale Linke bereits zu Beginn der

1990er Jahre nicht als angemessene Reaktion auf die pogromartigen Exzesse, sondern als Teil eines strukturellen Problems, weil dadurch zwar die Ablehnung der Neonazi-Aktivitäten bekundet, ebenso aber der «Schulterschluss zwischen Regierung und Bevölkerung in der Frage der Abwehr von Flüchtlingen» gezogen würde.[8] Autonome Antifa-Gruppen sprechen sich deshalb oftmals dagegen aus, bewegungsinterne Provokationen zu Gunsten einer breiten Demonstrations-Koalition zu unterlassen, sondern befürworten die inhaltliche Auseinandersetzung mit potentiellen Bündnispartner*innen, um diese dadurch zu einer politischen Positionierung zu zwingen.[9] Andererseits stoßen die kämpferischen Parolen eines ‹schwarzen Blocks› («Ein Baum, ein Strick, ein Nazigenick!», «Ob Ost, ob West – nieder mit der Nazipest!», «Für die Freiheit, für das Leben – Nazis von der Straße fegen!» oder «Nazis gibts in der jeder Stadt – bildet Banden macht sie platt!») bei vielen zivilgesellschaftlichen Initiativen auf Irritation.

Eine linke Strömung, die versucht, eine Scharnierfunktion zwischen diesen beiden Polen einzunehmen und unter Beibehaltung ihrer Radikalität eine relevante Kraft in der Gesellschaft zu werden, ist die ‹Interventionistische Linke› (IL). Dieser Brückenschlag war bisher jedoch noch nicht sonderlich erfolgreich. Selbst in der linksliberalen Öffentlichkeit sind Einstellungen im Sinne von ‹Alle echten Demokrat*innen sind Antifaschist*innen, aber nicht alle Antifaschist*innen sind echte Demokrat*innen› weit verbreitet. Rechte und konservative Kreise rücken Antifaschist*innen seit jeher nicht selten in die Nähe von RAF-Terrorist*innen und übertreffen sich in absurden Verbotsforderungen der antifaschistischen Bewegungen, als ob es sich dabei um einen Verein samt Vorsitzenden, verstetigten Strukturen und einem Stammsitz handeln würde.

In diese Richtung stieß zuletzt beispielsweise eine Titelstory der Zeitschrift *DP – Deutsche Polizei*, die in ihrer Ausgabe vom Juli 2020 das Phänomen ‹Linksextremismus› thematisierte. In dem Periodikum der *Gewerkschaft der Polizei* (GdP), die sogar als die liberalere der beiden Polizeigewerkschaften im Land gilt, hieß es unter anderem: «Sie nennen sich zwar Antifaschisten, sind jedoch lediglich Kriminelle.»[10] In ihrem Leitartikel kritisiert die Autorin in einem apodiktischen Duktus nicht nur die Form der Konfliktaustragung des linksradikalen Spektrums, sondern spricht ihm bereits per se seine politischen Anliegen ab.[11] Um die vermeintlich unterschätzte Gefahr des Linksextremismus in der Bundesrepublik noch stärker zu akzentuieren, verwendete die GdP-Pressestelle in den sozialen Medien zur Illustration des Essays ein Foto eines brennenden Geländewagens, vor dem eine Person mit einem Brandsatz in der Hand zu erkennen ist. Später stellte sich jedoch heraus, dass die Abbildung von Protesten gegen die ukrainische Regierung in Kiew vom Februar 2014 stammt, was der GdP aufgrund der Irreführung reichlich Kritik einbrachte.[12]

Die Polizeigewerkschaft widmete sich dem Thema ‹Linksextremismus› genau zu dem Zeitpunkt, als das Bundesamt für Verfassungsschutz seinen neuen Bericht veröffentlichte. Dazu erklärte Bundesinnenminister Seehofer zum einen, dass der Rechtsextremismus die «größte Bedrohung für die Sicherheit Deutschlands» darstelle, weshalb er auch erstmals die AfD und deren «geistige Brandstifter» als Gefährdung für die Demokratie betrachtete; zum anderen stellte der Verfassungsschutzbericht fest, dass es ebenso einen deutlichen Anstieg im Bereich des Linksextremismus gäbe, was sich insbesondere an der Zunahme der linken Straftaten von 4622 auf 6449 Delikte im Jahr 2019 erkennen lasse. Die Bundesbehörde attestierte der linksradikalen Bewegung deshalb eine fortschreitende Gewaltbereitschaft und dass der Szenekonsens, keine Menschen zu attackieren, am Erodieren sei und inzwischen sogar Tötungsdelikte kein absolutes Tabu mehr seien.[13]

Die Statistiken zu ‹Politisch Motivierter Kriminalität› (PMK) sind jedoch zum Teil schwer verständlich und bergen die Gefahr von Fehleinschätzungen in sich: Im Gegensatz zur ‹Polizeilichen Kriminalstatistik› (PKS), die erst nach Abschluss der Ermittlungen erstellt werden, handelt es sich bei der PMK um sogenannte ‹Eingangsstatistiken›. Dies bedeutet, dass bei jeder Straftat die Einsatzkräfte vor Ort eine Einschätzung über die etwaige politische Motivation sowie die Schwere des jeweiligen Deliktes abgeben. Die Tatsache, dass die Sachbeschädigung oder der Diebstahl von Wahlplakaten der im Bundestag vertretenen Parteien seit 2019 per definitionem eine politisch-extremistisch motivierte Straftat darstellt, hat zur Folge, dass die vielen Beschädigungen von AfD-Plakaten die Statistiken zu linksextremen Delikten stark ansteigen lässt. Insbesondere in Sachsen, wo im Jahr 2019 Kommunal-, Landtags- und Europawahlen stattfanden, führte dies zu einer enormen Zunahme im Bereich politisch motivierter Kriminalität.

Ein weiteres Beispiel für die Gefahr von Fehleinschätzungen der Statistiken ist ferner die Silvesternacht 2019 in Leipzig-Connewitz, als es zu schweren Gewaltausschreitungen zwischen ca. 1000 Personen aus dem linken Spektrum und Polizeibeamt*innen kam, die mit Steinen, Flaschen und Feuerwerkskörpern beworfen wurden. Die Ereignisse der Neujahrsnacht lösten eine bundesweite Debatte über die linke Szene aus; ebenso wurde jedoch Kritik an der Strategie der Polizei laut. Bei den Krawallen war ein 38-jähriger Beamter laut Berichten der Bereitschaftspolizei so schwer verletzt worden, dass er das Bewusstsein verlor und im Krankenhaus sogar ‹notoperiert› werden musste, weshalb die Ermittler*innen den Fall als versuchten Mord einstuften.[14] Keineswegs soll die Absicht und die Bereitschaft zu derartigen Attacken auf Beamt*innen relativiert werden, aber das behandelnde Krankenhaus zeigte sich von dieser Darstellung der Polizei von einer ‹Notoperation› sehr verwundert und erklärte, dass zwar ein Eingriff an der Ohrmuschel des Polizisten unter lokaler Betäubung stattgefunden, dass jedoch kein drohender Gehörverlust oder sogar Lebensgefahr bestanden habe.[15]

Für Kritiker*innen des linksradikalen Spektrums war dieses Ereignis jedenfalls eine Steilvorlage, um auf die Bedrohung der Demokratie durch ‹Linksextremismus› zu verweisen und diesen mit Rechtsextremismus gleichzusetzen. Tatsächlich ist dieser als ‹Extremismus-› beziehungsweise ‹Hufeisentheorie› bekannte Denkansatz in der Politikwissenschaft und in vielen staatlichen Institutionen weit verbreitet und dominiert trotz scharfer Kritik aus linken und linksliberalen Kreisen den öffentlichen Diskurs. Neben dem Bundesamt für Verfassungsschutz (BfV) beziehen sich ebenso Autor*innen der Bundeszentrale für politische Bildung (BpB) in ihren Publikationen auf dieses Konzept. Beide dem Bundesinnenministerium unterstellten Behörden verwenden dafür bisweilen auch den Begriff ‹Postulat der Äquidistanz›, was für die Einstellung steht, politischen Extremismus jeglicher Couleur – Rechtsextremismus, Linksextremismus und Islamismus – gleichermaßen abzulehnen und sie auf eine Ebene zu stellen. Laut dieser Theorie können alle politischen Einstellungen auf einem Hufeisen platziert werden: In der Mitte befinden sich dabei die Personen, Gruppen und Parteien, die sich zur freiheitlichen demokratischen Grundordnung bekennen; links und rechts davon geht es bis in die extremistischen Enden des Hufeisens, wo die dort befindlichen Einstellungen näher zueinander als zur Mitte sind und sich letztendlich sogar fast berühren.

Entstanden ist das Hufeisenschema bereits in den frühen 1930er Jahren, als nationalsozialistische Soziolog*innen das Bild vom inkompletten Kreis und den einander sich annähernden

Endpunkten zur Diskreditierung des ‹Kulturbolschewismus› – ein negativ assoziiertes Schlagwort für die Förderung proletarisch-revolutionärer Kultur und Kunst auf Grundlage des Marxismus – verwendeten. Eine erste Renaissance erfuhr das Modell von rechtskonservativen und völkischen Autor*innen in den 1960er Jahren, bevor Ende der 1980er Jahre die beiden Politikwissenschaftler Eckhard Jesse und Uwe Backes die sogenannte ‹Extremismustheorie› begründeten. Ihnen zufolge ist ‹Extremismus› eine «Sammelbezeichnung für politische Gesinnungen und Bestrebungen, die den demokratischen Verfassungsstaat sowie dessen Grundwerte und formale Regeln ablehnen, sei es, weil sie das Prinzip der Gleichheit aller Menschen negieren (Rechtsextremismus), sei es, weil der Gleichheitsgrundsatz auf alle Lebensbereiche ausgedehnt und somit die individuelle Freiheit relativiert (Kommunismus), oder sei es, weil jede Form von Staatlichkeit als freiheitsgefährdend verworfen wird (Anarchismus)».[16]

Dabei lässt sich die Plausibilität der ‹Extremismustheorie› mit guten Gründen in Frage stellen: Aus historischer Perspektive ist die Gleichsetzung zwischen sogenanntem Links- und Rechtsextremismus widersinnig, da im 19. und frühen 20. Jahrhundert eine linke Partei, die SPD, einen bedeutenden Beitrag zur Realisierung der Demokratie leistete, während rechte und konservative Parteien diese Staatsform entschieden bekämpften, die Monarchie gegen die Revolution und die Republik verteidigten und nach 1918 auch den Nationalsozialist*innen Vorschub leisteten. Tatsächlich bekannte sich der deutsche Konservatismus erst nach dem Ende des Zweiten Weltkrieges in Form der CDU/CSU zur Demokratie.[17] Ebenso lässt sich mit Blick auf die statistische Erfassung von Gewalttaten und Ermordungen von links beziehungsweise rechts in den letzten Jahrzehnten ein Ungleichgewicht feststellen. So verübten laut dem Bundesamt für Verfassungsschutz Linksextremist*innen im Jahr 2018 insgesamt 1010 Gewalttaten, die sich in erster Linie gegen Polizei und Staat richteten (833). Rechtsextremist*innen verübten unwesentlich mehr Gewaltakte (1088); diese Delikte zielten vor allem auf Migrant*innen ab (821). Jedoch zeigt die Statistik einen eklatanten Unterschied zwischen Gewalt gegen Sachen und Personen. Im Jahr 2018 gab es demnach 363 linksextrem motivierte Körperverletzungen, denen 938 rechtsextrem motivierte Körperverletzungsdelikte gegenüberstehen.[18]

Noch deutlicher bringen Statistiken zu politischen Morden die fatale Gleichsetzung von Links- und Rechtsextremismus auf den Punkt: Laut dem Bundeskriminalamt (BKA) fielen in der Bundesrepublik seit dem Jahr 1990 sechs Personen linken Extremist*innen zum Opfer; laut offiziellen Zahlen kamen seitdem 76 Menschen durch rechte Gewalt ums Leben. Jedoch sind die Statistiken des BKA sehr umstritten. Die Wochenzeitung *Die Zeit* und der *Tagesspiegel* kamen nach jahrelangen Recherchen zu einem wesentlich drastischeren Wert, nämlich zu 169 Todesopfern durch rechtsmotivierte Gewalttäter*innen (Stand Ende 2018). Bekannterweise haben sich seitdem etliche weitere antisemitische, rassistische und rechtsextreme Attentate (Kassel, Halle, Hanau) ereignet, sodass die Zahl inzwischen (Stand Ende 2020) auf mindestens 187 Tote angestiegen ist.[19]

Diese Statistiken veranschaulichen, dass die Politiklandschaft bei weitem nicht so symmetrisch aufgestellt ist wie es ein halbrundes Hufeisen vortäuscht, und dass eine äquidistante Einstellung zu rechts und links Gefahr läuft, diese Unterschiede zu verwischen.[20] Die ‹Extremismustheorie› reduziert durch ihre Gleichsetzung von rechten und linken Aktionsformen und Gesellschaftsvisionen komplexe Problemlagen der Gesellschaft auf ‹extremistische Ränder› und kriminalisiert dadurch antifaschistische Initiativen und Interventionen gegen Rassismus, Rechtsextremismus und weiteren Diskriminierungspraxen.[21] Dabei ist festzustellen, dass sich in den letzten Jahrzehnten die Definitionsmacht über Erscheinungsformen von ‹Extremismus› von der Ebene der Judikative (v. a. das BVerfG) auf die der Exekutive (z. B. das Bundesinnenministerium, Bundes- und Landesämter für Verfassungsschutz etc.) verschoben hat und dass sowohl die Wissenschaft als auch die Zivilgesellschaft durch die Verwendung der ‹Extremismus-Formel› das ‹Hufeisen-Schema› etabliert und reproduziert hat.[22]

Einen Kulminationspunkt erreichte diese Denkweise ab Ende 2009, als Kristina Schröder (CDU), selbsternannte Expertin für ‹Extremismusfragen›, Bundesministerin für Familie, Senioren, Frauen und Jugend war. Neben ihrer repetitiven Betonung der Stärkung eines antiextremistischen Konsenses sowie einer ‹demokratischen Mitte› war sie im Jahr 2011 ferner für die Einführung einer sogenannten ‹Extremismus-Klausel› verantwortlich, wonach sich alle Initiativen, die sich gegen Extremismus engagieren und Fördermittel aus drei Bundesförderprogrammen (‹Toleranz fördern – Kompetenz stärken›, ‹Initiative Demokratie Stärken› & ‹Zusammenhalt durch Teilhabe›) ihres Ministeriums erhalten wollen, zum Grundgesetz der Bundesrepublik Deutschland und zur freiheitlich demokratischen Grundordnung (FDGO) bekennen müssen.

Da etliche zivilgesellschaftliche Initiativen dadurch fortan unter einem Generalverdacht des Linksextremismus standen, kamen Erinnerungen an die Praxis der Berufsverbote in der alten Bundesrepublik auf und es war bald die Rede von einem ‹neuen Radikalenerlass›. Zusätzlich dazu veranlasste Schröder 2011 eine Kürzung der Finanzmittel gegen Rechtsextremismus, die jedoch nach der Enttarnung des rechten NSU-Terrors noch im selben Jahr wieder zurückgenommen wurde. Nach dem Ende der schwarz-gelben Koalition 2013 einigten sich die neue Bundesfamilienministerin Manuela Schwesig (SPD) und Bundesinnenminister Thomas de Maizière (CDU) darauf, die strittige ‹Extremismus-Klausel› abzuschaffen, weil sich doch die Erkenntnis durchgesetzt hatte, dass das formelhafte Bekenntnis gegenüber staatlichen Kontrollinstanzen sich nicht zur Demokratiestärkung eignen oder politische Partizipations-, Diskussions- und Entscheidungsprozesse fördern könne.[23]

Seit der Regierungskrise von Thüringen im Februar 2020, als Thomas Kemmerich (FDP) mit Stimmen der rechtspopulistischen und teilweise rechtsextremen AfD unter internationaler Aufmerksamkeit zum Ministerpräsidenten gewählt wurde und turbulente Debatten über die Gleichsetzung von rechten und linken Parteien stattfanden, kam es schließlich in der Öffentlichkeit zu einer zunehmenden Infragestellung der kontroversen ‹Extremismustheorie›. Im Kontext der thüringischen Regierungskrise fanden ferner Journalist*innen Gehör, die erklärten, dass antidemokratische und diskriminierende Entwicklungen nicht nur am rechten Rand, sondern ebenso aus ‹der politischen Mitte› durch fatale Bündnisse mit rechtspopulistischen und rechtsextremen Parteien entstehen können, wofür die Weimarer Republik als das zentrale warnende Beispiel herangezogen wird. In Anbetracht einer Zunahme rechtsmotivierter Straftaten in den letzten Jahren schien zuletzt doch ein Erkenntnisprozess einzusetzen, der die strukturelle Differenz zwischen ‹Links-› und ‹Rechtsextremismus› – die Realisierung der Utopie von der Gleichwertigkeit aller Menschen samt unterschiedsloser Beteiligung an politischen, kulturellen und materiellen Ressourcen vs. einer antiegalitären Ideologie, welche die Gesellschaft nach ‹Rasse›, Geschlecht und Leistungsfähigkeit kategorisiert – betrifft.

5. Fazit

Seit 2015 existiert ein Internet-Blog, der sich ‹Antifa e. V.› nennt.[1] Dort informieren die Betreiber*innen beispielsweise über den Vorstand ihres Vereins, der sich laut der aktuellen Satzung aus ‹Theresa von Ranspi› als Ansprechpartnerin für ‹Parteien, Gewerkschaften und Bundesregierung, Social Media› und ‹Konrad Rawall› als Zuständigem für ‹Agitation, Propaganda und Feindaufklärung› zusammensetzt. Stellvertretende Vorsitzende sind ‹Beate Arrikade-Sanchez› (Zuständigkeitsbereich: ‹Spezialaufgaben›), ‹Paula Flasterstrand› (‹Demogeld und Catering›) und ‹Robert Iot› (‹Demokoordinierung und Rechtsberatung›). Die Stelle für das Archiv und das Rechenzentrum sei derzeit ‹vakant›. Auf der Website erläutert die ‹Antifa e. V.› unter anderem, wie sie die vom ‹Bundesamt für Antifaschismus› bewilligten Mittel für Demonstrationen verteilt: So bekämen Antifaschist*innen, die sich zum Beispiel an einer Demonstration gegen PEGIDA in Dresden beteiligen, 25 Euro pro Stunde plus Zulage des Freistaates Sachsen von 3,50 Euro pro Stunde. Laut der Website ist das Demonstrationsentgelt steuer- und abgabenfrei, weil eine Sondervereinbarung mit dem Bundesfinanzministerium bestehe. Auf ihrem Twitter-Account wirbt die ‹Antifa e. V.› ferner für eine ‹Member-Card›, durch die sich Antifaschist*innen einfach ausweisen könnten und die Infos über Demonstrationsteilnahmen, Bonusmeilen und -punkte (z. B. für ‹Antifa-Reisen-GmbH›) auf einem Chip speichere.

Selbstverständlich ist die Website Satire in Reinform. Der

Vorstand der ‹Antifa e. V.› um K. Rawall, R. Iot und B. Arrikade existiert ebenso wenig, wie Antifaschismus in einem eingetragenen Verein oder sogar in einem Bundesverband organisiert ist. ‹Die Antifa› hat keine Anschrift, kein Büro und keine offiziellen Sprecher*innen. Dieses Buch hat hoffentlich veranschaulichen können, dass es ‹die› Antifa nicht gibt, sondern dass Antifaschismus ein politisches Aktionsfeld ist, in dem sich eine breite Bewegung aus verschiedenen Strömungen, Initiativen, NGOs, Parteien, Gewerkschaften etc. in Theorie und Praxis gegen Faschismus (ebenso wie Antisemitismus, Geschichtsrevisionismus, Nationalismus, Rassismus, Rechtsextremismus, Sexismus etc.) einsetzt. Trotz der Diversität der antifaschistischen Bewegung wird der Kampf- und Sammelbegriff ‹Antifa› in der Öffentlichkeit vor allem mit autonomen Antifa-Gruppen assoziiert. Diese sind zu Beginn der 1980er Jahre entstanden und charakterisieren sich in erster Linie dadurch, dass sie nicht auf das staatliche Engagement in der Bekämpfung von faschistischen und rassistischen Aktivitäten und Strukturen vertrauen. Durch ihre strikte Gewaltbereitschaft und dementsprechende Aktionen dominieren die autonomen Antifa-Gruppen, die erstmals im Jahr 1988 in einem Bericht eines Landesamtes für Verfassungsschutz (Nordrhein-Westfalen) Erwähnung fanden, das öffentliche Bild einer sehr facettenreichen und in weiten Teilen friedlichen Bewegung. Trotz etlicher verwerflicher Gewalttaten sind diese autonomen Antifa-Gruppen letztendlich jedoch ein essentieller Bestandteil antifaschistischen Engagements. Seit ihrer Entstehung stellen sie sich Rassist*innen und Rechtsextremist*innen nicht nur auf den Straßen und bei Demonstrationen konsequent entgegen, sondern leisten durch Bildungs-, Dokumentations- und Recherchearbeit einen bedeutenden Beitrag zu einer demokratischen Zivilgesellschaft, weil sie dadurch teilweise besser über rechte Aktivitäten und

Strukturen informiert und aktionsfähiger sind als staatliche Institutionen.

Durch diese Eigenschaft weist die Antifa in ihrer Gesamtheit den Charakter einer ‹sozialen Bewegung› auf: Sie lässt sich als Netzwerk beschreiben, das auf Basis einer kollektiven Identität durch nicht-institutionalisierte Taktiken und Strategien versucht, politischen, ökonomischen, sozialen und kulturellen Wandel zu erzielen, zu stoppen oder zu revidieren. Der deutsche Staatsrechtler und Rechtsphilosoph Ernst-Wolfgang Böckenförde hat bereits in den 1960er Jahren einen Satz formuliert, der auch jenseits der Rechtswissenschaften starke Resonanz auslöste: «Der freiheitliche, säkularisierte Staat lebt von Voraussetzungen, die er selbst nicht garantieren kann.»[2] Dieses sogenannte ‹Böckenförde-Diktum› besagt im Prinzip, dass das Gedeihen der Demokratie auf einer moralischen Substanz und einem staatstragenden Ethos der Toleranz in der Zivilgesellschaft basiert. In diesem Sinne versucht die Antifa-Bewegung als normative Korrektivkraft staatlichen und institutionellen Defiziten bei der Bekämpfung von Rassismus und Rechtsextremismus durch eigeninitiatives Engagement entgegenzuwirken. Aus ihrer Sicht kann, soll und darf der Staat nicht der Reparaturbetrieb der Gesellschaft sein.

Neben einem breiten Repertoire an rechtmäßigen Aktivitäten befinden sich jedoch Aktionen von autonomen Antifa-Gruppen nicht selten in der Schwebe zwischen Legalität und Legitimität; in einigen Fällen wird dieser Rahmen auch überschritten. Letztendlich sorgt die diverse Antifa-Bewegung dadurch für eine Erweiterung des Diskurskorridors und Grenzverschiebungen bezüglich der Bekämpfung von Antisemitismus, Rassismus und Rechtsextremismus. Ebenso wie einige Aktivitäten den Bereich des Gesetzmäßigen verlassen, hat jedoch die etablierte Politik antifaschistische Impulse aufgegriffen und für sich vereinnahmt.

So waren es in den 1980er Jahren autonome Antifa-Gruppen, die beispielsweise gegen öffentliche Veranstaltungen von NS-Vereinigungen oder Friedhofsbesuche alter Nazis am Volkstrauertag demonstrierten und die Öffentlichkeit sensibilisierten, sodass sich schließlich auch Protest in der bürgerlichen Zivilgesellschaft und in der Politik formierte.

Nach dem Ende der DDR und den einsetzenden Debatten über eine deutsche Wiedervereinigung warnte die radikale Linke eindringlich vor einem erstarkenden Nationalismus und Rechtsextremismus. Kurze Zeit später setzte in der Bundesrepublik tatsächlich eine Pogromwelle ein, in der Neonazis einen ‹Selbstermächtigungsrausch› erlebten, worauf der Staat aus Sorge um seine internationale Reputation Symbolpolitik betrieb, anstatt die latent rassistische Grundstimmung in der Bevölkerung zu thematisieren. Erst nach rassistisch und rechtsextrem motivierten Morden und einer Stabilisierung rechter Gewalttaten auf einem bedrohlichen Niveau reagierte die etablierte Politik mit zahlreichen Antifaschismus-Initiativen und -Programmen, die nach einer erneuten Welle rechter Gewalt zu Beginn der 2000er Jahre ausgeweitet wurden. Zivilgesellschaft ebenso wie staatliche Stellen sensibilisierten sich dadurch für die Themen ‹Rassismus› und ‹Rechtsextremismus›, die fortan deutlicher als strukturelle Gesellschaftsprobleme erkannt wurden. Nicht selten knüpften die daraus resultierenden antifaschistischen Kampagnen an das Engagement und die oftmals Sisyphos-artigen Dokumentations- und Recherchearbeiten der autonomen Antifa-Gruppen an.

Insofern hatte die Bewegung durchaus einige – wenn auch empirisch schwer nachweisbare – Erfolge und Errungenschaften zu verbuchen, was jedoch paradoxe Entwicklungen zur Folge hatte: Die staatlichen Antifaschismus-Initiativen und -Programme führten dazu, dass autonome Antifa-Gruppen teilweise ihrer eigenen Domäne beraubt wurden, an Einfluss verloren und dadurch bei (jungen) Aktivist*innen an Attraktions- und Bindekraft einbüßten, was wiederum die notorische Krisenanfälligkeit der Bewegung beförderte. Bemerkenswert ist dabei, dass sich die staatlich-antifaschistische Politik bei Praktiken, Vorleistungen und Wissensbeständen von autonomen Antifa-Gruppen bediente: So erkannte etwa im Jahr 2016 der Bayerische Verfassungsschutz in seinem Jahresbericht an, dass «linksextremistische Gruppierungen auch für sog. Outings tatsächlicher [...] Rechtsextremisten» sorgen, indem sie «dazu teilweise umfangreiche Recherchen mit Bildmaterial und persönlichen Daten zugänglich» machen.[3] Auf diese Szene-Praxis des ‹Outings› berufen sich ebenso Medien, Polizei und Staatsanwaltschaften, wie beispielsweise im Fall der Kölner Oberbürgermeisterin Henriette Reker (parteilos), die im Oktober 2015 eine Attacke mit einem Jagdmesser nur knapp überlebte. Die Polizei unterstellte dem Täter zunächst eine psychische Störung, bis die Antifa-Gruppe ‹Bonn/Rhein-Sieg› Fotos von diesem auf rechtsradikalen Demonstrationen veröffentlichte und damit ein politisches Tatmotiv evident wurde. Ebenso wie beim ‹Outing› kündigte das Bayerische Landesamt für Verfassungsschutz 2016 an, die von der Antifa-Szene praktizierte Internetaufklärung selbst weiter zu intensivieren und dafür sogar einen eigenen Arbeitsbereich einzurichten.

Darin liegen seit Dekaden die Verdienste der Antifa-Bewegung: Die große Bandbreite antifaschistischer Aktivitäten kann durchaus als ein kollektiver Seismograf zur Registrierung und zur folgerichtigen Bekämpfung von antidemokratischen, antiegalitären, antifreiheitlichen und ausgrenzenden Tendenzen in der Gesellschaft betrachtet werden. Da die autonome Antifa-Bewegung ebenso solidarische und selbstbestimmte Lebensweisen forciert, als starr empfundene Gesellschaftsnormen und -prozesse anprangert und dadurch essenzielle Impulse auf Richtung,

Tempo und Intensität des sozialen Wandels setzt, weist sie im Grunde viele Gemeinsamkeiten mit anderen sozialen Bewegungen auf, die im öffentlichen Bewusstsein und im kollektiven Gedächtnis als Katalysatoren des Gesellschaftswandels anerkannter sind.

Die Gewaltbereitschaft und die daraus resultierenden Straftaten stellen jedoch keine exklusiven Charakteristika der autonomen Antifa-Gruppen dar. Historisch betrachtet war es stets ein Kennzeichen von avantgardistischen und sozialen Bewegungen, die Grenzen des (rechtsstaatlich) Erlaubten auszutesten und Aktionen ‹in der Schwebe zwischen Legalität und Legitimität› durchzuführen. Situationsbedingte Gewaltbereitschaft war dabei oftmals lediglich ein Symptom und Ventil dafür, dass die Kommunikationskanäle zwischen Staat und Entscheidungsträger*innen auf der einen und kritischen Bürger*innen auf der anderen Seite verstopft waren. Dennoch ist zu konstatieren, dass der Faktor ‹Gewaltbereitschaft› sich zu einem strukturellen Problem in autonomen Antifa-Gruppen entwickelt hat, das durch eine fatale Symbiose zwischen der Szene und den Medien zusätzlich verstärkt wird, weil Gewaltausschreitungen stets reichlich publizistischen Sauerstoff liefern und die stärkste Resonanz in der Öffentlichkeit zur Folge haben. Insofern sollte die breite Antifa-Bewegung in ihrem Spagat zwischen zivilgesellschaftlichem Engagement und radikaler Gesellschaftskritik einzelnen zur Gewalt bereiten Gruppen nicht ohne Weiteres das Deutungsmonopol darüber überlassen, was Antifaschismus bedeutet und in welcher Form dieser in Erscheinung tritt.

Anmerkungen

Einleitung

1 Eigenzitat von «https://www.hsozkult.de/review/id/reb-29015».

2 Simon Voigt, «Punk-Sänger rechnet nach Prozess ab», in: Nordkurier (20.12.2017), online: «https://www.nordkurier.de/mecklenburg-vorpommern/punk-saenger-rechnet-nach-prozess-ab-2030750712.html».

3 Siehe: o. A., «Latte Marxiato», in: taz (20.12.2017), online: «https://taz.de/Missverstandene-Antifa-Schlachtrufe/!5472705/».

4 Siehe: Kollektiv Schulschluss (Hrsg.), Tipps & Tricks für Antifas und Antiras, UNRAST Verlag, Münster 2017.

5 Siehe: Mirja Keller/Lena Kögler/Moritz Krawinkel/Jan Schlemermeyer, Antifa. Geschichte und Organisierung, Schmetterling Verlag, Stuttgart [3]2018, S. 41.

6 Siehe: Armin Pfahl-Traughber, Linksextremismus in Deutschland. Eine kritische Bestandsaufnahme, Lizenzausgabe für die Bundeszentrale für politische Bildung, Bonn 2015, S. 23.

7 Siehe: Maximilian Fuhrmann, Antiextremismus und wehrhafte Demokratie. Kritik am politischen Selbstverständnis der Bundesrepublik Deutschland, Nomos, Baden-Baden 2019, S. 224.

8 Rebecca Staudenmaier, «Trump wettert gegen die Antifa», in: Deutsche Welle (29.07.2019), online: «https://www.dw.com/de/trump-wettert-gegen-die-antifa/a-49783270».

9 Siehe: «https://www.bundestag.de/dokumente/textarchiv/2019/kw39-de-schutz-rechtsstaat-657382» (25.09.2019).

10 Matthias Meisner, «Linken-Politikerin Renner provoziert mit Antifa-Button», in: Der Tagesspiegel (27.09.2019), online: «https://www.tagesspiegel.de/politik/ordnungsruf-im-bundestag-linken-politikerin-renner-provoziert-mit-antifa-button/25063150.html».

11 Siehe: Keller/Kögler/Krawinkel/Schlemermeyer, S. 156.

12 Siehe: Christin Jänicke/Benjamin Paul-Siewert, Einleitung. Historische

Ausgangspunkte und Verortung einer Bewegung, in: Dies. (Hrsg.), 30 Jahre Antifa in Ostdeutschland. Perspektiven auf eine eigenständige Bewegung, Verlag Westfälisches Dampfboot, Münster [3]2019, S. 9.

13 Siehe: Nils Schuhmacher, Sich wehren, etwas machen. Antifa-Gruppen und -Szene als Einstiegs- und Lernfeld im Prozess der Politisierung, in: René Schultens/Michaela Glaser (Hrsg.): «Linke» Militanz im Jugendalter. Befunde zu einem umstrittenen Phänomen, Deutsches Jugendinstitut e. V., Halle 2013.

14 Zitiert nach: Christa Wolf, Kindheitsmuster, Aufbau Verlag, Berlin/Weimar 1976, S. 354.

15 Siehe: Ulrich Peters, Unbeugsam und Widerständig. Die radikale Linke in Deutschland seit 1989/90, UNRAST-Verlag, Münster 2014, S. 125.

16 Siehe: Dieter Gosewinkel/Dieter Rucht/Wolfgang van den Daele/Jürgen Kocka (Hrsg.), Zivilgesellschaft – national und transnational, WZB-Jahrbuch, Berlin 2003, S. 11 ff.

17 Siehe: Jänicke/Paul-Siewert, S. 210.

18 Siehe: o. A., «Esken zählt sich zur Antifa – Kritik an mangelnder Differenzierung», in: Die Welt (02.06.2020), online: «https://www.welt.de/politik/deutschland/article208750999/Disput-auf-Twitter-Esken-zaehlt-sich-zur-Antifa.html».

19 Bettina Röhl, «Die RAF ist tot. Es lebe die Antifa?», in: Neue Zürcher Zeitung (02.06.2020), online: «https://www.nzz.ch/meinung/die-raf-ist-tot-es-lebe-die-antifa-ld.1558667?mktcid=smch&mktcval=fbpost_2020-06-02&fbclid=IwAR04yh3YwbAnPgltXpt05IjnoTwXTY2bUz3Lxmmm-QOOLRt850-dH6swworw».

20 Jan C. Behrends, «Warum ich kein Antifa bin – Eine historische Einordnung», online: «https://www.salonkolumnisten.com/warum-ich-kein-antifa-bin-eine-historische-einordnung/» (03.06.2020).

21 Für die Unterscheidung zwischen den Begriffen ‹Debatte›, ‹Diskussion› und ‹Dialog› siehe: William Isaacs, Dialog als Kunst gemeinsam zu denken. Die neue Kommunikationskultur in Organisationen, Verlag Andreas Kohlhage, Bergisch Gladbach 2002.

22 Zitiert nach: Anna Mayr, «Antifa-Konfusion», in: Die Zeit (18.06.2020), S. 61.

23 Siehe online: «https://emanzipatorische-linke.org/tag/bewegungsgeschichte/».

1. Der Entstehungskontext der ‹Antifaschistischen Aktion›

1 Siehe: Eric Hobsbawm, Das Zeitalter der Extreme. Weltgeschichte des 20. Jahrhunderts, Carl Hanser Verlag, München 1995.
2 Zitiert nach: Thomas Anz, Vitalismus und Kriegsdichtung, in: Wolfgang J. Mommsen (Hrsg.), Kultur und Krieg. Die Rolle der Intellektuellen, Künstler und Schriftsteller im Ersten Weltkrieg, R. Oldenbourg Verlag, München 1996, S. 237.
3 Zitiert nach: Hans-Ulrich Wehler, Deutsche Gesellschaftsgeschichte. 1914–1949 (Band 4), Verlag C.H.Beck, München ²2003, S. 14.
4 Siehe: Sebastian Haffner, Die deutsche Revolution 1918/19. Wie war es wirklich?, Kindler Verlag, München ³1979, 16 f.
5 Siehe: Autonome Antifa [M], Die Geschichte der Antifaschistischen Aktion, in: «https://www.antifaschistische-linke.de/?p=509» (1995).
6 Zitiert nach: Bernd Faulenbach, Geschichte der SPD. Von den Anfängen bis zur Gegenwart, Verlag C.H.Beck, München 2012, S. 34.
7 Zitiert nach: Lars Koch, Der Erste Weltkrieg als Medium der Gegenmoderne. Zu den Werken von Walter Flex und Ernst Jünger, Königshausen und Neumann, Würzburg 2006, S. 121.
8 Siehe: Autonome Antifa [M], Die Geschichte der Antifaschistischen Aktion.
9 Siehe: Volker Ullrich, Die Revolution von 1918/19, Verlag C.H.Beck, München 2009, S. 15.
10 Siehe: Haffner, S. 23.
11 Siehe: Ullrich, S. 44 f.
12 Siehe: Autonome Antifa [M], Die Geschichte der Antifaschistischen Aktion.
13 Siehe: Reinhard Sturm, Weimarer Republik (= Informationen zur politischen Bildung Nr. 261), Bonn ³2011, S. 14.
14 Siehe: Haffner, S. 139.
15 Siehe: Sturm, S. 15.
16 Zitiert nach: Ullrich, S. 76.
17 Siehe dazu online: «https://www.bpb.de/izpb/55949/vom-kaiserreich-zur-republik-1818-19?p=de».
18 Siehe: Haffner, S. 164.
19 Zitiert nach: Volker Ullrich, «Mord in München», in: Die Zeit, Nr. 9/2009, S. 92.
20 Zitiert nach: Martin Sabrow, «Walther Rathenau», in: Wolfgang Benz/Brigitte Mihok (Hrsg.), Handbuch des Antisemitismus. Judenfeindschaft in

Geschichte und Gegenwart (Band 2: Personen), De Gruyter Saur, Berlin/Boston, Mass. 2009, S. 672.

21 Siehe: Sturm, S. 28.

22 Klaus Schubert/Martina Klein, «Faschismus», in: Das Politlexikon, Karl Dietz Verlag, Bonn ^{5}2011, S. 106 f.

23 Umberto Eco, Über Spiegel und andere Phänomene, Carl Hanser Verlag, München 2002, S. 119.

24 Umberto Eco, Der ewige Faschismus, Carl Hanser Verlag, München 2020, S. 30 ff.

25 Zitiert nach: Bernd Langer: Antifaschistische Bewegung. Geschichte einer linksradikalen Bewegung, UNRAST-Verlag, Münster ^{3}2018, S. 23.

26 Zitiert nach: Ebd., S. 15.

27 Zitiert nach Andreas Wirsching, Vom Weltkrieg zum Bürgerkrieg. Politischer Extremismus in Deutschland und Frankreich 1918–1933/39. Berlin und Paris im Vergleich, R. Oldenbourg Verlag, München 1999, S. 128.

28 Institut für Marxismus-Leninismus beim Zentralkomitee der SED (Hrsg.), Clara Zetkin. Ausgewählte Reden und Schriften (Band 2), Karl Dietz Verlag, Berlin (Ost) 1960, S. 690.

29 Zitiert nach: Autonome Antifa [M], Die Geschichte der Antifaschistischen Aktion.

30 Zitiert nach: Wolfgang Wippermann, Faschismustheorien. Die Entwicklung der Diskussion von den Anfängen bis heute, Primus Verlag, Darmstadt 1997, S. 17.

31 Zitiert nach: Natascha Müller/Oliver Marusczyk, Marxistische Faschismusanalysen als Zeitdiagnose. Zur unterschiedlichen Rezeption des Nationalsozialismus, Akademische Verlagsgemeinschaft, München 2014, S. 39.

32 Siehe: Autonome Antifa [M], Die Geschichte der Antifaschistischen Aktion.

33 Siehe: Langer, S. 48.

34 Siehe: Keller/Kögler/Krawinkel/Schlemermeyer, S. 26.

35 Zitiert nach: Karl Graf Ballestrem, Das politische Denken des Marxismus, in: Karl Graf Ballestrem/Henning Ottmann (Hrsg.), Politische Philosophie des 20. Jahrhunderts, R. Oldenbourg Verlag, München 1990, S. 164.

36 Max Horkheimer, Die Juden und Europa, in: Ders., Gesammelte Werke (Band 4), Suhrkamp Verlag, Frankfurt am Main 1988, S. 308 f.

37 Siehe: Theodor W. Adorno/Else Frenkel-Brunswik/Daniel J. Levinson/R. Nevitt Sanford, The Authoritarian Personality, Harper and Brothers, New York 1950.

38 Siehe: Keller/Kögler/Krawinkel/Schlemermeyer, S. 28 ff.

39 Zitiert nach: Heinrich August Winkler, Der Schein der Normalität. Arbeiter und Arbeiterbewegung in der Weimarer Republik 1924 bis 1930, Karl Dietz Verlag, Berlin/Bonn 1985, S. 689.

40 Bastian Hein, Elite für Volk und Führer? Die Allgemeine SS und ihre Mitglieder 1925–1945, R. Oldenbourg Verlag, München 2012, S. 41.

41 Siehe: Autonome Antifa [M], Die Geschichte der Antifaschistischen Aktion.

42 Abteilung für Agitation und Propaganda beim Zentralkomitee der Kommunistischen Partei Deutschlands (KPD) (Hrsg.), Ernst Thälmann. Reden und Aufsätze zur Geschichte der deutschen Arbeiterbewegung (Band 3: Auswahl aus den Jahren September 1930 bis Februar 1932), Rote Fahne Verlag, Köln 1975, S. 26.

43 Carl von Ossietzky, «Eiserne Front», in: Die Weltbühne (12. Januar 1932).

44 Siegfried Lokatis, Der rote Faden. Kommunistische Parteigeschichte und Zensur unter Walter Ulbricht, Böhlau Verlag, Köln 2003, S. 60.

45 Heinz Karl/Erika Kücklich (Hrsg.), Die antifaschistische Aktion. Dokumentation und Chronik. Mai 1932 bis Januar 1933, Karl Dietz Verlag, Berlin (Ost) 1965, S. 33.

46 Siehe: Keller/Kögler/Krawinkel/Schlemermeyer, S. 35.

47 Karl/Kücklich (Hrsg.), Die antifaschistische Aktion. Dokumentation und Chronik, S. 166.

48 Zitiert nach: Ulrich Schneider, Antifaschismus, PapyRossa Verlag, Köln 2014, S. 24.

49 Siehe: Autonome Antifa [M], Die Geschichte der Antifaschistischen Aktion.

50 Peter Gingold, Paris – Boulevard St. Martin No. 11. Ein jüdischer Antifaschist und Kommunist in der Résistance und der Bundesrepublik, PapyRossa Verlag, Köln ³2011, S. 29.

51 Zitiert nach: Schneider, Antifaschismus, S. 40.

52 Antony Beevor, Der Zweite Weltkrieg, C. Bertelsmann Verlag, München 2014, S. 11.

53 Ian Kershaw, Höllensturz. Europa 1914 bis 1949, DVA, München 2016, S. 474.

54 Siehe: Schneider, Antifaschismus, S. 42 f.

2. Antifaschismus seit dem Ende des Zweiten Weltkrieges

1 Siehe: Keller/Kögler/Krawinkel/Schlemermeyer, S. 41.

2 Siehe: Bettina Blank, «Deutschland, einig Antifa»? «Antifa» als Agitationsfeld von Linksextremisten, Nomos, Baden-Baden 2014, S. 33.

3 Siehe: Jürgen Habermas, «Partisanenprofessor im Lande der Mitläufer», in: Die Zeit (29.04.1966).

4 Wolfgang Abendroth, Das Grundgesetz – sein antifaschistischer und sozialer Auftrag, in: Ders./Arno Behrisch/Heinz Düx/Peter Römer/Gerhard Stuby, Der antifaschistische Auftrag des Grundgesetzes. Eine Waffe der Demokraten. Texte zur Demokratisierung. Antifaschistische Arbeitshefte des Röderberg-Verlags, Heft 11, Frankfurt am Main 1974, S. 18.

5 Ebd., S. 53.

6 Siehe: BVerfGE 2,1 (Ls. 2, 12 f.).

7 Siehe: Maximilian Fuhrmann, Antiextremismus und wehrhafte Demokratie. Kritik am politischen Selbstverständnis der Bundesrepublik Deutschland, Nomos, Baden-Baden 2019, S. 54 f.

8 Siehe: Herfried Münkler, Antifaschismus als Gründungsmythos der DDR, Abgrenzungsinstrument nach Westen und Herrschaftsmittel nach Innen, in: Konrad-Adenauer-Stiftung (Hrsg.), Der Antifaschismus als Staatsdoktrin der DDR, Konrad-Adenauer-Stiftung e.V., Sankt Augustin/Berlin, 2009, S. 31.

9 Walter Ulbricht, Zur Geschichte der Deutschen Arbeiterbewegung (Band 2), Karl Dietz Verlag, (Ost-)Berlin 1966, S. 233.

10 Siehe: Schneider, Antifaschismus, S. 58.

11 Siehe: Ulrich Schneider, Zukunftsentwurf Antifaschismus. 50 Jahre Wirken der VVN für «eine neue Welt des Friedens und der Freiheit», Pahl-Rugenstein Verlag, Bonn 1997, S. 7 ff.

12 Siehe: Schneider, Antifaschismus, S. 59.

13 Ebd.

14 Volkhard Knigge, Buchenwald, in: Detlef Hoffmann (Hrsg.), Das Gedächtnis der Dinge. KZ-Relikte und KZ-Denkmäler 1945–1995, Campus Verlag, Frankfurt am Main 1998, S. 95.

15 Schneider, Zukunftsentwurf Antifaschismus, S. 45.

16 Siehe: Keller/Kögler/Krawinkel/Schlemermeyer, S. 46.

17 Siehe: Blank, S. 150 ff.

18 Ludwig Elm, «Oberländer versus VVN», in: antifa. Magazin der VVN-BdA für antifaschistische Politik und Kultur, Nr. 7–8/2009. Zitiert nach: Keller/Kögler/Krawinkel/Schlemermeyer, S. 47.

19 Schneider, Zukunftsentwurf Antifaschismus, S. 182.

20 Siehe: Tim Peters, Der Antifaschismus der PDS aus antiextremistischer Sicht, Springer Verlag, Wiesbaden 2006, S. 86.

21 Bayer. Staatsministerium des Innern, Verfassungsschutzbericht 2018, S. 235.

22 Siehe: O. A., «Auschwitz-Komitee: Entzug der Gemeinnützigkeit der VVN ist Skandal», online: «https://www.mdr.de/nachrichten/politik/inland/auschwitz-komitee-vvn-gemeinnuetzigkeit-100.html».

23 Christoph Gunkel, «Auschwitz-Überlebende Esther Bejarano: ‹Was kann gemeinnütziger sein als Antifaschismus?›», in: Der Spiegel (29.11.2019), online: «https://www.spiegel.de/geschichte/esther-bejarano-streit-um-vvn-bda-holocaust-ueberlebende-ist-empoert-a-1298662.html».

24 Armin Pfahl-Traughber, «Die ‹Deutsche Kommunistische Partei› (DKP)», online: «https://www.bpb.de/politik/extremismus/linksextremismus/33621/dkp?p=all».

25 Siehe: «https://www.unsere-zeit.de/dkp-brandenburg-antifaschistischer-appell-zum-8-mai-2020-129261/».

26 Blank, S. 100.

27 Manfred Funke, «Antifaschismus» – Zum Blendcharakter einer politischen Allzweckwaffe, in: Manfred Agethen/Eckhard Jesse/Ehrhart Neubert, Der missbrauchte Antifaschismus. DDR Staatsdoktrin und Lebenslüge der deutschen Linken (herausgegeben im Auftrag der Konrad-Adenauer Stiftung e. V.), Verlag Herder, Freiburg im Breisgau/Basel/Wien 2002, S. 307.

28 Siehe: Keller/Kögler/Krawinkel/Schlemermeyer, S. 54 f.

29 Kommunistische Arbeitsgruppe (KAG) Göttingen, «Kampf dem Faschismus», online: «https://www.mao-projekt.de/BRD/NS/BRS/Goettingen_KAG_Faschismus.shtml».

30 Siehe: Schneider, Antifaschismus, S. 80.

31 Kommunistische Arbeitsgruppe (KAG) Göttingen, «Kampf dem Faschismus», online: «https://www.mao-projekt.de/BRD/NS/BRS/Goettingen_KAG_Faschismus.shtml».

32 Michael Steffen, Geschichten vom Trüffelschwein. Politik und Organisation des Kommunistischen Bundes 1971 bis 1991 (= Inauguraldissertation zur Erlangung des Grades eines Doktors der Philosophie), Marburg 2002, S. 1, online: «http://archiv.ub.uni-marburg.de/diss/z2002/0060/pdf/dsm.pdf».

33 Ebd., S. 280.

34 Siehe: Peters, S. 84.

35 Siehe: «https://archiv2017.die-linke.de/partei/weitere-strukturen/weitere-zusammenschluesse/bag-antifaschismus/antifa-aktuell/archiv-2008/antifa-aktuell-62008/».

36 Siehe: Frank Decker, «Die Programmatik der LINKEN», online: «https://www.bpb.de/politik/grundfragen/parteien-in-deutschland/die-linke/42133/programmatik».

37 Siehe: Das Programm der Partei DIE LINKE nach dem Erfurter Parteitag vom 21./22./23. Oktober 2011, S. 42, online: «https://www.die-linke.de/partei/grundsatzdokumente/programm/».

38 Ebd., S. 7.

39 Siehe: Manfred Wilke, Die ‹antifaschistische› Republik. Die PDS strebt eine neue Lagerbildung an, in: Konrad Adenauer Stiftung (Hrsg.), Die politische Meinung Nr. 377 (2001), S. 65.

40 Siehe: Blank, S. 186.

41 Siehe: Wilke, S. 65 f.

42 O. A., «Landtag beschließt umfassende Parlamentsreform», in: Die Zeit (28.02.2020), online: «https://www.zeit.de/politik/deutschland/2020-02/sachsen-anhalt-landtag-parlamentsreform-anti-rassismus».

43 Marek Winter, «Antifaschismus als Symbolpolitik», in: Jungle World (19.03.2020), online: «https://jungle.world/artikel/2020/12/antifaschismus-als-symbolpolitik»

44 Siehe online: «https://www.linksjugend-solid.de/2018/06/17/deutschland-knicken/».

45 Siehe: Das Programm der Partei DIE LINKE nach dem Erfurter Parteitag vom 21./22./23. Oktober 2011, S. 6, online: «https://www.die-linke.de/partei/grundsatzdokumente/programm/».

3. Die ‹Autonome Antifa›

1 Siehe: Armin Pfahl-Traughber, Die Autonomen zwischen Anarchie und Bewegung, Gewaltfixiertheit und Lebensgefühl. Zu den Besonderheiten einer linksextremistischen Subkultur, online: «https://www.bpb.de/politik/extremismus/linksextremismus/33632/autonome».

2 Siehe: Sven Reichardt, Authentizität und Gemeinschaft. Linksalternatives Leben in den siebziger und frühen achtziger Jahren, Suhrkamp Verlag, Berlin 2014.

3 Siehe: Peters, S. 47.

4 Siehe: radikal (Nr. 98/1981), zitiert nach: ak wantok (Hrsg.), Perspektiven autonomer Politik, UNRAST-Verlag, Münster 2010, S. 9 f.

5 Siehe: ebd., S. 10 f.

6 Siehe: Sybille Steinbacher, Rechte Gewalt in Deutschland. Zum Umgang mit dem Rechtsextremismus in Gesellschaft, Politik und Justiz, Wallstein Verlag, Göttingen 2016, S. 9.

7 Siehe: Armin Pfahl-Traughber, Rechtsextremismus in der Bundesrepublik, Verlag C.H.Beck, München ^{4}2006, S. 72.

8 Siehe: Ulrich Chaussy, Das Oktoberfest-Attentat und der Doppelmord von Erlangen. Wie Rechtsterrorismus und Antisemitismus seit 1980 verdrängt werden, Ch. Links Verlag, Berlin 2020.

9 Siehe: Pfahl-Traughber, S. 73.

10 Zitiert nach: Horst Schöppner, Antifa heißt Angriff! Militanter Antifaschismus in den 80er-Jahren, UNRAST-Verlag, Hamburg/Münster 2016, S. 56.

11 Siehe online: «https://www.apabiz.de/archiv/material/Profile/Heidelberger%20Kreis.htm».

12 Siehe: Christoph Seils, «Kohls ‹Türken-Raus›-Pläne trafen einen Nerv der Deutschen», in: Der Tagesspiegel (05.08.2013), online: «https://www.tagesspiegel.de/meinung/auslaender-in-deutschland-kohls-tuerken-raus-plaene-trafen-einen-nerv-der-deutschen/8596018.html».

13 Ebd.

14 Langer, S. 182.

15 Ebd., S. 184.

16 Siehe: Blank, S. 198.

17 Zitiert nach: Schöppner, S. 106 f.

18 Siehe: Ebd., S. 109.

19 Siehe online: «https://kunst-und-kampf.de/WordPress_02/bernd-langer/».

20 Siehe: Andreas Conrad/Michael Schwelien, «Wie starb Olaf Ritzmann wirklich?», in: Die Zeit Nr. 38 (12.09.1980), online: «https://www.zeit.de/1980/38/wie-starb-olaf-ritzmann-wirklich/komplettansicht».

21 Siehe: Langer, S. 189 f.

22 Siehe: Schöppner, S. 77 f.

23 Zitiert nach Langer, S. 192.

24 Siehe: Schöppner, S. 78 f.

25 Ebd., S. 90.

26 Stephan Loichinger, «Günter Sares Tod ist bis heute ungeklärt», in: Frankfurter Rundschau (04.02.2019), online: «https://www.fr.de/rhein-main/guenter-sares-heute-ungeklaert-11732731.html».

27 Siehe: Schöppner, S. 90 f.

28 Siehe: Rolf Thym, «Gestörte Idylle», in: Die Zeit (26.04.2020), online: «https://www.zeit.de/1985/18/gestoerte-idylle-1/komplettansicht».

29 Siehe: O. A., «Wir hatten das militante Antifa-Monopol», in: Neues Deutschland (04.11.2014), online: «https://www.neues-deutschland.de/artikel/950860.wir-hatten-das-militante-antifa-monopol.html».

30 Heinrich August Winkler, «Aus der Geschichte lernen? Zum Verhältnis von Historie und Politik in Deutschland nach 1945», in: Die Zeit Nr. 14 (25.03. 2004), online: «https://www.zeit.de/2004/14/winkler».

31 Siehe: Andreas Rödder, Die Bundesrepublik Deutschland 1969–1990, R. Oldenbourg Verlag, München 2004, S. 91.

32 Siehe: Markus C. Schulte von Drach, «Wie eine Rede die Deutschen befreite», in: Süddeutsche Zeitung (31.01.2015), online: «https://www.sueddeutsche.de/politik/alt-bundespraesident-zum-kriegsende-1945-wie-eine-weizsaecker-rede-die-deutschen-befreite-1.2329266-0».

33 Siehe: Klaus Große Kracht, «Debatte: Der Historikerstreit», online: «https://docupedia.de/zg/Historikerstreit».

34 Ebd.

35 Siehe: Edgar Wolfrum, Die geglückte Demokratie. Geschichte der Bundesrepublik Deutschland von ihren Anfängen bis zur Gegenwart, Lizenzausgabe für die Bundeszentrale für politische Bildung, Bonn 2007, S. 399.

36 Siehe: «Streit um Gedächtnis», in: Antifaschistisches Infoblatt Nr. 72 (03/2006), S. 14.

37 Siehe: Schneider, Antifaschismus, S. 96.

38 Wolfgang Kraushaar, Die Polizistenmorde an der Startbahn West, in: Komitee für Grundrechte und Demokratie e. V. (Hrsg.), Jahrbuch 1987, Sensbachtal 1988, S. 112.

39 Siehe: Schöppner, S. 217.

40 Siehe: Keller/Kögler/Krawinkel/Schlemermeyer, S. 74.

41 Siehe: Schöppner, S. 217.

42 Siehe: Cord Pagenstecher, ‹Das Boot ist voll!› – Schreckensvision des vereinten Deutschland, in: Gerhard Paul (Hrsg.), Das Jahrhundert der Bilder (Band II: 1949 bis heute) (= Schriftenreihe der Bundeszentrale für politische Bildung, Band 734), Göttingen 2008, S. 606.

43 Siehe: Bernd Siegler, «Geburtstag unterm Hakenkreuz», in: Die Tageszeitung (15.04.1989), S. 3.

44 Siehe: Schöppner, S. 233.

45 Siehe: Klaus Pokatzky, «Immer wieder bricht Gewalt aus», in: Die Zeit Nr. 5 (26.01.1990), online: «https://www.zeit.de/1990/05/immer-wieder-bricht-gewalt-aus/komplettansicht».

46 Siehe: Christin Jänicke/Benjamin Paul-Siewert, Einleitung. Historische Ausgangspunkte und Verortung einer Bewegung, in: Dies. (Hrsg.), 30 Jahre Antifa in Ostdeutschland. Perspektiven auf eine eigenständige Bewegung, Verlag Westfälisches Dampfboot, Münster 2019, S. 11.

47 Siehe: Norbert Madloch, Nazis in Ostdeutschland vor und nach der Wende, in: Friedrich Burschel/Uwe Schubert/Gerd Wiegel (Hrsg.), Der Sommer ist vorbei… Vom ‹Aufstand der Anständigen› zur ‹Extremismus-Klausel›: Beiträge zu 13 Jahren ‹Bundesprogramme gegen Rechts›, edition assemblage, Münster 2013, S. 142 f.

48 Siehe: Tom Fugmann, «DDR sprach von Rowdys statt Neonazis», in: MDR Zeitreise (22.12.2017), online: «https://www.mdr.de/zeitreise/ddr/neonazi-szene-in-der-ddr-ueberfall-auf-zionskirche-100.html». Siehe ebenfalls: Harry Waibel, Die braune Saat. Antisemitismus und Neonazismus in der DDR, Schmetterling Verlag, Stuttgart 2017.

49 Dietmar Wolf, Feindlich-negative Antifa? Oder: Vom Missverhältnis des staatsoffiziellen Antifaschismus der DDR zum unabhängigen Antifaschismus ihrer letzten Generation, in: Jänicke/Paul-Siewert, S. 22 f.

50 Siehe: Madloch, S. 143.

51 Wolf, S. 45.

52 Siehe: Peter von Becker, «Staatslüge und rechte Offenbarung», in: Der Tagesspiegel (17.10.2017), online: «https://www.tagesspiegel.de/themen/reportage/1987-angriff-in-der-zionskirche-staatsluege-und-rechte-offenbarung/20462700.html».

53 Siehe: Wolf, S. 23–27.

54 Siehe: ebd., S. 46.

55 Siehe: Peter Wensierski, «Das kurze Jahr der Anarchie», in: Der Spiegel Nr. 40 (26.09.2015), S. 44 f.

56 Ebd.

57 Siehe: O. A., «Das fabelhafte Jahr der Anarchie», in: MDR Zeitreise, online: «https://www.mdr.de/zeitreise/stoebern/damals/anarchie100.html».

58 Uwe Rada, «Der lange Sommer der Anarchie», in: Die Tageszeitung (21.08.2020), online: «https://taz.de/20-Jahre-Hausbesetzungen-in-Ostberlin/!5136991/».

59 Siehe: Jakob Warnecke, ‹Nazifreie Zone› – Hausbesetzungen und antifaschistische Praxis in Potsdam um 1990, in: Jänicke/Paul-Siewert, S. 55.

60 Ebd., S. 52.

61 Siehe: Madloch, S. 149. Für eine ausführlichere Beschreibung der Entwicklung des Rechtsextremismus in der DDR und in Ostdeutschland von den 1970er bis Ende der 1990er Jahren siehe: Norbert Madloch, Rechtsextremismus in Deutschland nach dem Ende des Hitlerfaschismus, in: Klaus Kinner/Rolf Richter (Hrsg.), Rechtsextremismus und Antifaschismus, Karl Dietz Verlag, Berlin 2000.

62 Siehe: Peters, S. 61.

63 Siehe: Autonome Antifa [M] (Hrsg.), «Diskussionspapier zur autonomen Organisierung», in: Interim Nr. 161 (19.09.1991), online: «http://afata.blogsport.eu/1991/08/06/diskussionspapier-zur-autonomen-organisierung/».

64 Siehe: Peters, S. 63.

65 Siehe: Andreas Speit, Der Terror von rechts – 1991 bis 1996, in: Andrea Röpke/Andreas Speit (Hrsg.), Blut und Ehre. Geschichte und Gegenwart rechter Gewalt in Deutschland, Ch. Links Verlag, Berlin 2013, S. 102–109.

66 Siehe: Edgar Wolfrum, S. 474.

67 Siehe: Franka Maubach, «Deutschland den Deutschen, Ausländer raus!» Rassismus und Rechtsterrorismus seit den Neunzigern, in: Norbert Frei/Franka Maubach/Christina Morina/Maik Tändler (Hrsg.), Zur rechten Zeit. Wider die Rückkehr des Nationalismus, Ullstein Verlag, Berlin 2019, S. 166 f.

68 Siehe: Cord Pagenstecher, S. 125.

69 Siehe: O. A., «Fünf Tage im September 1991. Die rassistischen Pogrome in Hoyerswerda», in: Antifaschistisches Infoblatt Nr. 92 (15.09.2011), online: «https://www.antifainfoblatt.de/artikel/f%c3%bcnf-tage-im-september-1991».

70 Siehe: Speit, S. 101.

71 Ebd.

72 Siehe: Michael Lausberg, Die extreme Rechte in Ostdeutschland 1990–1998, Tectum Verlag, Marburg 2012, S. 61.

73 Ein Abdruck des Zeitungsartikels findet sich in: Jochen Schmidt, Politische Brandstiftung. Warum 1992 in Rostock das Ausländerwohnheim in Flammen aufging, Edition Ost, Berlin 2002, S. 29.

74 Thomas Prenzel, «Vor 25 Jahren: Die rassistisch motivierten Ausschreitungen von Rostock-Lichtenhagen», in: Bundeszentrale für politische Bildung (17.08.2017), online: «https://www.bpb.de/politik/hintergrund-aktuell/254347/rostock-lichtenhagen».

75 Speit, S. 99.

76 Siehe: Richard Rohrmoser, «Die Straßen gehören uns! Die sterben alle!» – Die rassistischen Ausschreitungen in Schönau 1992, in: Philipp Gassert/Ulrich Nieß/Hanspeter Rings/Richard Rohrmoser (Hrsg.), Jugendprotest und Jugendkultur im 20. Jahrhundert. Über 100 Jahre bewegte Jugend in Mannheim, Freunde des Stadtarchivs Mannheim – ISG e. V., Mannheim 2017, S. 156.

77 Siehe: Kurt Lenk, Jugendlicher Rechtsextremismus als gesamtdeutsches Pro-

blem, in: Richard Faber/Hajo Funke/Gerhard Schoenberner (Hrsg.), Rechtsextremismus. Ideologie und Gewalt, Edition Hentrich, Berlin 1995, S. 92.

78 Siehe: Lars Rensemann, Kritische Theorie über den Antisemitismus. Studien zu Struktur, Erklärungspotential und Aktualität, Argument Verlag, Hamburg 1998, S. 87.

79 Siehe: Stephan Geelhaar/Ulrike Marz/Thomas Prenzel, Rostock-Lichtenhagen als konformistische Revolte, in: Thomas Prenzel (Hrsg.), 20 Jahre Rostock-Lichtenhagen. Kontext, Dimensionen und Folgen der rassistischen Gewalt, Rostocker Informationen zu Politik und Verwaltung. Heft 32, Rostock 2012, S. 58.

80 Siehe: Detlev Claussen, Was heißt Rassismus?, Wissenschaftliche Buchgesellschaft, Darmstadt 1994, S. 21.

81 Siehe: Geelhaar/Marz/Prenzel, S. 58.

82 Siehe: Maubach, S. 172.

83 Siehe: O. A., «Die Seele des Volkes verbogen», in: Der Spiegel Nr. 49 (30.11.1992), S. 14.

84 Siehe: Maubach, S. 176.

85 Siehe: Wolfrum, S. 475.

86 Siehe: Speit, S. 107.

87 Zitiert nach: Martin Oversohl, «Erinnerung an NS-Ankläger Fritz Bauer», in: Die Welt (9. Juni 2014), online: «https://www.welt.de/regionales/frankfurt/article126771697/Erinnerung-an-NS-Anklaeger-Fritz-Bauer.html».

88 Stefanie Lindner, «Mit extrem rechten Jugendlichen reden?», in: Der Rechte Rand Nr. 178 (Mai/Juni 2019), S. 24.

89 Siehe: Ebd.

90 Siehe: Peters, S. 117.

91 Christoph Butterwegge, Rechtsextremismus, Verlag Herder, Freiburg 2002, S. 145.

92 Siehe: Keller/Kögler/Krawinkel/Schlemermeyer, S. 79 f.

93 AA/BO (Hrsg.), Einsatz – Grundlagen der Antifaschistischen Aktion/BO, Broschüre, September 1993, zitiert nach ebd., S. 91.

94 AA/BO (Hrsg.), «Was sie schon immer über die Antifaschistische Aktion/Bundesweite Organisation wissen wollten», online: «https://www.nadir.org/nadir/initiativ/aam/aabo.html».

95 Ebd.

96 Siehe: Keller/Kögler/Krawinkel/Schlemermeyer, S. 92.

97 Siehe: Peters, S. 121.

98 Siehe: Langer, S. 222.

99 Siehe: Yves Müller, «VertreterInnen aus der DDR trotz Einladung nicht anwesend» – Über das ambivalente Verhältnis west- und ostdeutscher Antifa-Gruppen am Beispiel der AA/BO 1992 bis 1994, in: Jänicke/Paul-Siewert, S. 71 ff.

100 Siehe: Keller/Kögler/Krawinkel/Schlemermeyer, S. 94.

101 Siehe: O. A., «Autonomer Antifaschismus – ein kurzer historischer Abriss», online: «http://www.autonomes-zentrum.org/ai/texte/autonomehistory.htm».

102 O. A., «Eine politische Plattform für einen antifaschistischen Widerstand», in: ak wantok (Hrsg.): Antifa Gençlik. Eine Dokumentation [1988–1994], UNRAST Verlag, Münster 2014, S. 23.

103 çağrı Kahveci, «Postmoralischer Antirassismus», in: ak wantok (Hrsg.): Antifa Gençlik, S. 157 f.

104 Siehe: ebd., S. 153.

105 Antifaşist Haber Bülteni, «Wahlrecht für alle», in: ak wantok (Hrsg.): Antifa Gençlik, S. 51.

106 Siehe: Keller/Kögler/Krawinkel/Schlemermeyer, S. 83.

107 Siehe: Jeanette Goddar, «Rüge im Kaindl-Prozess», in: Die Tageszeitung (17.11.1994), S. 4.

108 Zitiert nach: Severin Weiland, «Der Mord an Gerhard Kaindl brachte nichts», in: Die Tageszeitung (9.9.1992), S. 20.

109 Siehe: Hilde Sanft, Girls don't cry – Antifa und feministische Politik im Osten, in: Jänicke/Paul-Siewert, S. 168.

110 autonome antisexist_innen (aas), Sexismus ist zum Kotzen. Statement zu den Frauen*reihen(1) auf der Silvio-Meier-Demo 2010 und Anstoß zur weiteren Diskussion, in: Herausgeber_innenkollektiv, Fantifa. Feministische Perspektiven antifaschistischer Politiken, edition assemblage, Münster 2013, S. 143

111 O. A., Einleitung, in: Herausgeber_innenkollektiv, S. 5.

112 Ebd., S. 13 f.

113 Ebd., S. 12.

114 Siehe: Sanft, S. 169.

115 ‹Billy the kid alias j. m.›, «Zeitung für unkontrollierte Bewegungen. Die radikal von 1980–1984», online: «https://www.nadir.org/nadir/archiv/Medien/Zeitschriften/radikal/20jahre/kap02.html».

116 Siehe: Keller/Kögler/Krawinkel/Schlemermeyer, S. 86.

117 Zitiert nach: O. A., «Männliche Perspektiven», in: Herausgeber_innenkollektiv, S. 79 f.

118 Siehe: O. A., «Was hast Du denn mit 14 im Kopf gehabt? Interview mit den Edelweißpiraten aus Berlin», online: «https://antifainfopool.de/nadir/archiv/PolitischeStroemungen/antifa/node8.html».

119 Ebd.

120 Siehe: Peters, S. 125.

121 Siehe: O. A., «Was hast Du denn mit 14 im Kopf gehabt? Interview mit den Edelweißpiraten aus Berlin».

122 Ebd.

123 Siehe: Thomas Barfuss/Peter Jehle, Antonio Gramsci zur Einführung, Junis Verlag, Hamburg 2014.

124 Siehe: O. A., «Die Höchste aller Künste ist die Veränderung», online: «https://antifamarburg.wordpress.com/konzept-antifa-der-aabo/die-hochste-aller-kunste-ist-die-veranderung/».

125 Ebd.

126 Ebd.

127 Siehe online: «http://apfelfront.de/».

128 Siehe: Keller/Kögler/Krawinkel/Schlemermeyer, S. 104.

129 Siehe: Wolf Dieter Vogel, «Lübeck, 18. Januar 1996», in: Die Zeit (14. März 2013), online: «https://www.zeit.de/2013/12/Luebecker-Terroranschlag?utm_referrer=https%3A%2F%2Fwww.google.com».

130 Siehe: Wolfrum, S. 499.

131 Langer, S. 252.

132 Siehe: «https://www.rechte-gewalt-sachsen-anhalt.de/todesopfer/alberto-adriano/».

133 Siehe: Redaktion Antideutsch (Hrsg,), «Antifa heißt nicht Zivilgesellschaft», online: «https://jungle.world/artikel/2020/26/antifa-heisst-nicht-zivilgesellschaft?fbclid=IwAR3dAqLCD2-XHZTWZGIbikrjpdG1yE-LO6npUhZZkWgFeuqJXO8KlSa18WZ4».

134 Siehe: «https://www.rechte-gewalt-sachsen-anhalt.de/todesopfer/alberto-adriano/».

135 Henning Obens, Wes Brot ich ess, des Lied ich sing? Antifapolitik zwischen zivilem Ungehorsam und Staatsraison, in: Burschel/Schubert/Wiegel, S. 95.

136 Siehe: Lucia Bruns/Deborah Hass, Überlegungen zu politischer Bildung in Zeiten der AfD und des gesellschaftlichen Rechtsrucks, in: Barbara Dunkel/Christoph Gollasch/Kai Padberg (Hrsg.), Nicht zu fassen. Das Extremismuskonzept und neue rechte Konstellationen (Sammelband zur Konferenz «Nicht zu fassen. Das Extremismuskonzept und neue rechte Bewegungen»), Universitätsverlag der TU Berlin 2019, S. 225.

137 Siehe: Redaktion Antideutsch (Hrsg.): «Antifa heißt nicht Zivilgesellschaft».

138 Uli Schuster (Phase 2), «Die Antideutschen und die Radikale Linke1», online: «https://left-action.de/incipito/text/216.htm».

139 Kalenderredaktion c/o Schwarzmarkt (Hrsg.): Antifaschistischer Kalender 2002, Kleiner Schäferkamp 46, Hamburg 2001, S. 7.

140 Langer, S. 258.

141 Joachim Wolf, «Die NPD-Verbotsdebatte», online: «https://www.bpb.de/politik/extremismus/rechtsextremismus/41872/debatte-ums-npd-verbot».

142 Siehe: Langer, S. 258.

143 Siehe: Monika Pilath, «NPD wird nicht verboten», in: Die Zeit (17. Januar 2017), online: «https://www.zeit.de/politik/deutschland/2017-01/bundesverfassungsgericht-lehnt-npd-verbot-ab?utm_referrer=https%3A%2F%2Fwww.google.com%2F».

144 Heribert Prantl, «Braun bleibt», in: Süddeutsche Zeitung (17.01.2017), online: «https://www.sueddeutsche.de/politik/npd-verfahren-braun-bleibt-1.3336384».

145 Siehe: «https://verfassungsschutzberichte.de/pdfs/vsbericht-2000.pdf», S. 29 ff.

146 Peters, S. 86.

147 Rudolf van Hüllen, «‹Antiimperialistische› und ‹antideutsche› Strömungen im deutschen Linksextremismus», in: Bundeszentrale für politische Bildung (5. Januar 2015), online: «https://www.bpb.de/politik/extremismus/linksextremismus/33626/antideutsche-und-antiimperialisten».

148 Siehe: Isabel Erdem, Antideutsche Linke oder anti-linke Deutsche. Eine sachliche Betrachtung, in: UTOPIE kreativ, H. 192 (Oktober 2006), S. 926–939.

149 Siehe: Ebd., S. 933.

150 Siehe: Wladimir Iljitsch Lenin, Der Imperialismus als höchstes Stadium des Kapitalismus. Gemeinverständlicher Abriss, Karl Dietz Verlag, Berlin ^{6}1962.

151 Siehe: Rudolf van Hüllen.

152 Siehe: Samuel Salzborn, Globaler Antisemitismus. Eine Spurensuche in den Abgründen der Moderne. Beltz Juventa, Weinheim 2018, S. 84 f.

153 «https://www.verfassungsschutz.bayern.de/linksextremismus/erscheinungsformen/autonome/index.html».

154 Jürgen Habermas, Ziviler Ungehorsam – Testfall für den demokratischen Rechtsstaat. Wider den autoritären Legalismus in der Bundesrepublik, in:

Peter Glotz (Hrsg.), Ziviler Ungehorsam im Rechtsstaat, Suhrkamp Verlag, Frankfurt am Main 1983, S. 43.

155 «https://www.verfassungsschutz.bayern.de/linksextremismus/erscheinungsformen/autonome/index.html».

156 Interventionistische Linke (Hrsg.), «IL im Aufbruch – ein Zwischenstandspapier» (11. Oktober 2014), online: «https://interventionistische-linke.org/positionen/il-im-aufbruch-ein-zwischenstandspapier», S. 16.

157 Ebd., S. 4.

158 Ebd., S. 4.

159 Ebd., S. 21.

160 Bundesministerium des Innern, für Bau und Heimat (Hrsg.), Verfassungsschutzbericht online 2017: «https://www.verfassungsschutz.de/embed/vsbericht-2017.pdf», S. 138.

161 Interventionistische Linke, S. 25.

162 Siehe: «… ums Ganze!» (Hrsg.), «Über uns», online: «https://www.umsganze.org/ueber-uns/».

163 Ebd.

164 Siehe: «https://www.nationalismusistkeinealternative.net/».

165 Bundesministerium des Innern, für Bau und Heimat (Hrsg.), Verfassungsschutzbericht 2017, online: «https://www.verfassungsschutz.de/embed/vsbericht-2019.pdf», S. 154.

166 Siehe: Benjamin Winkler, Gemeinsam gegen Rechts? Das komplizierte Agieren von Antifa-Gruppen und Zivilgesellschaft am Beispiel der Stadt und Region Leipzig, in: Jänicke/Paul-Siewert, S. 206 f.

167 Maria Fiedler/Frank Jansen, «Das ist eine Schande für unser Land», in: Der Tagesspiegel (09.07.2020), online: «https://www.tagesspiegel.de/politik/rechtsextremismus-als-groesste-bedrohung-das-ist-eine-schande-fuer-unser-land/25989488.html».

168 Bundesministerium des Innern, für Bau und Heimat (Hrsg.), Verfassungsschutzbericht 2019, online: «https://www.verfassungsschutz.de/embed/vsbericht-2019.pdf», S. 53.

169 Ebd., S. 79.

170 Ebd., S. 79.

171 Ebd., S. 81.

172 Ebd., S. 99.

173 O. A., «AfD will Flüchtlinge notfalls mit Waffengewalt stoppen», in: Die Zeit (30. Januar 2016), online: https://www.zeit.de/politik/deutschland/2016-01/frauke-petry-afd-grenzschutz-auf-fluechtlinge-schiessen.

174 Matthias Kamann, «Was Höcke mit der ‹Denkmal der Schande›-Rede bezweckt», in: Die Welt (18.01.2017), online: «https://www.welt.de/politik/deutschland/article161286915/Was-Hoecke-mit-der-Denkmal-der-Schande-Rede-bezweckt.html».

175 O. A., «Gauland: NS-Zeit nur ein Vogelschiss der Geschichte», in: Die Zeit (02.06.2018), online: «https://www.zeit.de/news/2018-06/02/gauland-ns-zeit-nur-ein-vogelschiss-in-der-geschichte-180601-99-549766».

176 «Bundesamt für Verfassungsschutz stuft AfD-Teilorganisation ‹Der Flügel› als gesichert rechtsextremistische Bestrebung ein», online: «https://www.verfassungsschutz.de/print/de/oeffentlichkeitsarbeit/presse/pm-20200312-bfv-stuft-afd-teilorganisation-der-fluegel-als-gesichert-rechtsextremistische-bestrebung-ein».

177 Siehe: Henrik Merker, «Der letzte Aufmarsch», in: Die Zeit (07.06.2020), online: «https://blog.zeit.de/stoerungsmelder/2020/06/07/der-letzte-aufmarsch_29842».

178 Ebd.

179 Michael Bartsch, «Ungebetene Gäste», in: Die Tageszeitung (26.06.2017), online: «https://taz.de/Nazikonzerte-in-Thueringen/!5420506/», zitiert nach: Langer, S. 342.

180 Siehe: «https://www.forstrock.de/historie/».

181 Ebd.

182 Siehe: O. A., «Verfassungsschutz nennt #Wirsindmehr-Konzert unter Linksextremismus», in: Die Welt (15.05.2019), online: «https://www.welt.de/politik/deutschland/article193591595/Verfassungsschutz-nennt-Wirsindmehr-Konzert-unter-Linksextremismus.html»

4. Die autonome Antifa zwischen zivilgesellschaftlichem Engagement und staatlichen Repressionen

1 Keller/Kögler/Krawinkel/Schlemermeyer, S. 156.

2 Siehe: Blank, S. 214.

3 Siehe: Schöppner, S. 148.

4 Ebd., S. 152.

5 Siehe: Benjamin Paul-Siewert/Christin Jänicke, Von der aufgezwungenen Selbstverteidigung zur Gegenmacht. Subjektive Militanzverständnisse in Zeiten des Umbruchs, in: Dies. (Hrsg.), 30 Jahre Antifa in Ostdeutschland. Perspektiven auf eine eigenständige Bewegung, Münster [3]2019, S. 113 f.

6 Schöppner, S. 147.

7 Obens, S. 99.

8 Peters, S. 105.

9 Ebd., S. 144.

10 Dorothee Dienstbühl, «Linksextremismus: Die Erben der RAF. Verstörende Menschenbilder», in: DP – Deutsche Polizei. Das Magazin der Gewerkschaft der Polizei, 07/20, S. 9.

11 Siehe: Thomas Kletschke, «Der Feind steht links», in: Jungle World (09.07.2020), online: «https://jungle.world/artikel/2020/28/der-feind-steht-links».

12 Siehe ebd.

13 Siehe: Konrad Litschko, «Kräftiger Anstieg an Rechtsextremen», in: Die Tageszeitung (09.07.2020), online: «http://taz.de/neuer-verfassungsschutzbericht/!5694343/».

14 Aiko Kempen, «Eskalation mit Ansage», in: Die Tageszeitung (02.01.2020), online: «https://taz.de/Gewalt-in-Leipzig-Connewitz-an-Silvester/!5650003/».

15 Siehe: Ebd.

16 Uwe Backes/Eckhard Jesse (Hrsg.), Politischer Extremismus in der Bundesrepublik Deutschland, Bundeszentrale für Politische Bildung, Bonn 1996, S. 45.

17 Siehe: Christian Staas, «Links, rechts, Weimar?», in: Die Zeit Nr. 10 (27. Februar 2020), S. 18.

18 Siehe: ZDFInfo Doku «Deutschland extrem – Extremismus von links und rechts».

19 Johannes Radke/Toralf Staud, «Todesopfer rechter Gewalt in Deutschland seit der Wiedervereinigung», in: Der Tagesspiegel (30.09.2020), online: «https://www.tagesspiegel.de/politik/interaktive-karte-todesopfer-rechter-gewalt-in-deutschland-seit-der-wiedervereinigung/23117414.html».

20 Siehe: Staas, S. 18.

21 Siehe: Doris Liebscher, Wahnsinn und Wirkungsmacht. Der Extremismus-Diskurs torpediert die Arbeit gegen Nazis, Ungleichheitsideologien und Diskriminierung: Ein Plädoyer für Demokratie und gegen den Extremismus-Begriff, in: Burschel/Schubert/Wiegel, S. 103.

22 Siehe: Ebd., S. 112 ff.

23 Siehe: Ebd., S. 110.

5. Fazit

1 Siehe: «https://antifaev.wordpress.com/».

2 Ernst Wolfgang Böckenförde, Die Entstehung des Staates als Vorgang der Säkularisation, in: Ders., Recht, Staat, Freiheit. Studien zur Rechtsphilosophie, Staatstheorie und Verfassungsgeschichte, Suhrkamp Verlag, Frankfurt 1991, S. 112.

3 Siehe: «https://www.verfassungsschutz.bayern.de/mam/anlagen/verfassungsschutzbericht_bayern_2016.pdf»